服装商品企划

徐丽丽◎著

中国纺织出版社有限公司

内 容 提 要

本书系统讲述了服装商品企划的主要内容，并通过具体实例直观展示服装商品企划的工作流程、具体内容及要求。本书共有七章，第一章为商品企划部的基础知识，主要介绍服装商品企划的基本概念、企划部的工作内容及企划人员的能力要求等；第二至第六章介绍服装商品企划的具体内容，包括服装市场分析、商品企划方案设计、产品设计企划、产品供应企划、销售推广企划等；第七章为品牌服装商品企划实例。

本书结构严谨清晰，内容新颖，案例丰富，理论联系实际，可作为服装营销、服装设计与工程及相关专业的教材，也可供服装品牌策划、设计、运作和管理等从业人员参考。

图书在版编目（CIP）数据

服装商品企划 / 徐丽丽著 . -- 北京：中国纺织出版社有限公司，2024.10. -- ISBN 978-7-5229-2025-2

Ⅰ. F407.866

中国国家版本馆 CIP 数据核字第 2024627Y0M 号

责任编辑：宗　静　　特约编辑：朱静波
责任校对：高　涵　　责任印制：王艳丽

中国纺织出版社有限公司出版发行
地址：北京市朝阳区百子湾东里A407号楼　邮政编码：100124
销售电话：010—67004422　传真：010—87155801
http://www.c-textilep.com
中国纺织出版社天猫旗舰店
官方微博 http://weibo.com/2119887771
北京通天印刷有限责任公司印刷　各地新华书店经销
2024年10月第1版第1次印刷
开本：787×1092　1/16　印张：11.5
字数：218千字　定价：68.00元

凡购本书，如有缺页、倒页、脱页，由本社图书营销中心调换

前言

中国服装行业经过30余年的快速发展，在生产效率、技术水平、质量控制、物流配送等方面都具有绝对实力。随着计算机及网络技术的飞速发展，我国从服装制造大国开始向服装制造强国迈进，服装行业开始进入品牌运作的阶段，逐步实现品牌化、智能化、多元化发展。加之现在消费者需求越来越个性化，使服装行业竞争更加白热化，越来越多的企业和品牌开始重视商品企划工作。

但是，诸多企业在品牌化的过程中出现了设计与市场脱节、产品与消费者需求不符、产品研发成本过高、产品同质化明显等情况，导致产品开发过度、库存积压过多、生产浪费严重、整体成本过高等问题。

《礼记·中庸》中云："凡事预则立，不预则废。"服装商品企划是一项系统工程，从市场销售出发，依据企业和品牌的发展目标整合资源并进行优化配置，充分发挥人力、物力、财力、社会及信息资源的积极作用，以最低的成本创造最大的经济价值。

本书以服装商品企划的理论知识和事件为重点内容，系统讲述了从服装商品企划的主要内容，并通过具体实例直观展示服装商品企划的工作流程、具体内容及要求。本书共七章，主要分三部分：

第一部分：服装商品企划的基础知识，包括第一章内容，主要介绍服装商品企划的基本概念、企划部的工作内容及企划人员的能力要求等。

第二部分：服装商品企划的具体内容，由第二至第六章组成，内容包括服装市场分析、商品企划方案设计、产品设计企划、产品供应企划、销售推广企划。

第三部分：品牌服装商品企划的实例，为第七章内容，以真维斯品牌

2024年春夏4~1季的商品企划过程为例，展示品牌服装企业的商品企划部门架构、品牌企划及一个季度的从主题企划到销售推广的商品企划工作流程和相关资料。

　　本书的撰写得到了深圳市颂驰科技有限公司及公司总经理施校仲先生的大力支持，在此表示特别感谢！同时，香港旭日集团、旭日商贸（中国）有限公司对本书的顺利出版提供了大力支持，在此表示诚挚的谢意！最后衷心感谢惠州学院旭日广东服装学院的领导、同事及内衣专业方向学生的支持和帮助！

徐丽丽

2024 年 5 月

服装商品企划

配套视频资源索引

目录

服装商品企划

PART

1

商品企划部

商品企划研究的是如何通过收集、整合和分析市场信息，设计出符合目标顾客需求的产品以及营销方案，从而为企业获取最大的经济利益。商品，即商品管理，是企业对所销售产品的品类、组合、设计、生产、定价、展示、销售等相关工作的管理。企划，即企业规划，是为企业经营和发展提供的计划和方案，旨在规避风险和追求效益最大化。狭义的商品企划是指企业的产品设计、营销管理、广告策略和市场管理等；广义的商品企划还包括整个企业的经营战略、品牌战略和发展战略等。

20世纪60年代以来，时尚行业迅速发展，为满足消费者对时尚产品多样化、个性化、流行性的需求特点，各服装品牌企业纷纷研究如何快捷地了解消费者的喜好和需求，如何根据市场信息整合相关资源进行产品开发，并迅速将产品推上市场抢占先机，商品企划理念的运用逐渐深入。美国市场协会（AMA）对商品企划的定义为"企业为了实现营销目标，采用最为有利的场所、时间、价格、数量，将特定商品推向市场所进行的计划和管理"。

商品企划的本质从市场营销的角度入手，以满足目标消费者的需求为依据整合企业资源并进行合理安排，进而实现企业经济效益的既定目标。企业通过商品企划过程可以充分调动各部门的职能优势，优化企业资源配置，提高企业适应市场发展的能力，提升产品附加值，并逐步提升品牌价值。

企业进行商品企划活动旨在以成本最少化、利益最大化为目标，通过整合企业内外相关资源并进行优化配置，在最合适的时间和地点，以最合适的价格和数量，向消费者投放能够满足其需求的产品，而商品企划活动能否顺利开展并达到预期效果，则往往需要多部门的及时沟通和通力合作。企业成立商品企划部门的目的，是要根据产品的设计、生产和销售流程，按时间顺序将相关部门的工作内容、要求和标准等制订成企划方案，并在方案的实施过程中进行监督和控制，依托先进的信息化技术并综合利用相关专业软件，使各部门之间能够进行及时、迅速、准确地反应和信息反馈，充分发挥各部门的优势，为企业争取更大的经济效益。

第一节　商品企划部的工作内容

一、商品企划构成

商品企划按照工作内容可以划分为品牌企划、设计企划、投放企划、生产企划和营销企划等几个部分，具体工作包括收集市场信息、数据分析、产品设计、波段设计、采购管理、生产计划、流程控制、成本预算、推广方法、时间安排等（图1-1）。

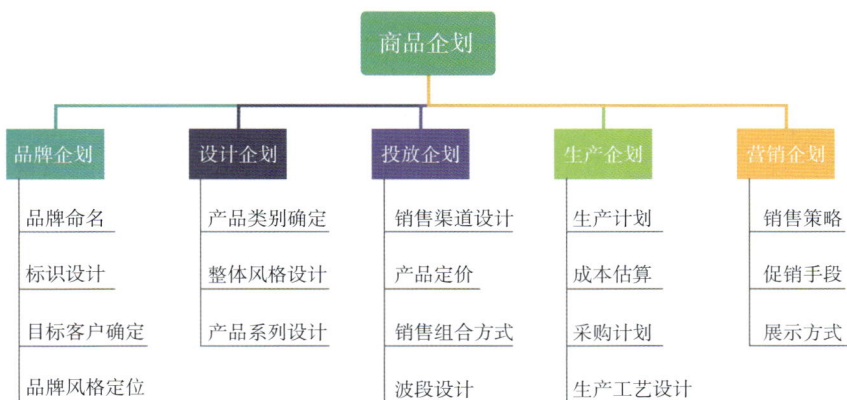

图 1-1　商品企划构成

二、服装商品企划工作内容

　　服装是一种"以人为本"的工业产品，有公开的产品标准和基本的产品性能、生产流程和品质要求，不同的消费者对面料、款式、功能、工艺、服务等都有不同的要求。因为消费者购买的不仅是服装产品，更加注重服装产品所展示出来的消费者的职业身份、经济收入、个人素养、生活态度等深层含义，因而服装的设计、生产和销售过程往往会受到消费者的认知程度、审美水平、消费习惯及消费能力等主观意愿的直接影响。品牌服装企业在进行产品设计和销售过程中，不仅要为消费者提供可满足其穿着需求及品质要求的有形产品，同时还要在销售及售后过程中为消费者提供符合其消费习惯的无形产品，即服务。

　　根据服装产品的生产和销售特性，服装商品企划的工作内容主要包括市场分析、品牌定位、产品设计、供应链管理及销售推广等（图 1-2）。

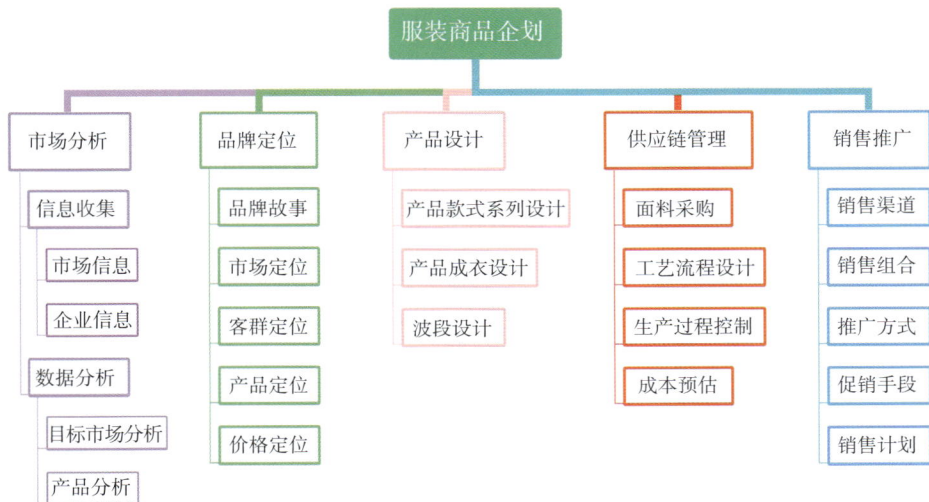

图 1-2　服装商品企划工作内容

三、服装商品企划工作流程

服装商品企划的工作从收集信息开始，经过市场分析、产品设计、投放企划、供应链管理等过程的不断调整和修改，最终实现产品顺利地生产和销售。此后，会进行下一轮的信息收集过程，而本次商品企划过程的相关信息和资料将作为下一轮商品企划的基础材料，因此商品企划过程是不断循环的过程，在循环过程中不断提升品牌的价值和竞争力（图1-3）。

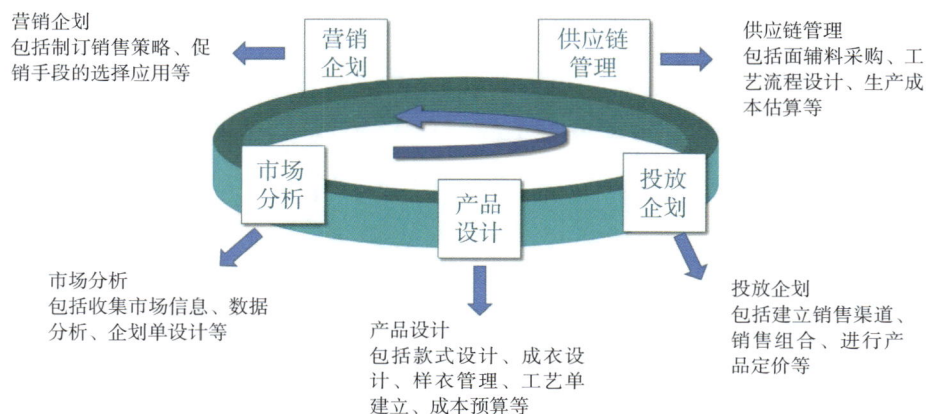

营销企划
包括制订销售策略、促销手段的选择应用等

供应链管理
包括面辅料采购、工艺流程设计、生产成本估算等

市场分析
包括收集市场信息、数据分析、企划单设计等

产品设计
包括款式设计、成衣设计、样衣管理、工艺单建立、成本预算等

投放企划
包括建立销售渠道、销售组合、进行产品定价等

图1-3 服装商品企划工作流程

服装商品企划的工作流程从了解销售目标开始，经过收集信息、数据分析、品牌定位、产品设计、面料采购、生产过程控制、制订营销推广方案到企划过程分析结束，并根据分析报告进行下一次的商品企划过程（图1-4）。

1.收集信息

相关工作人员通过现场调查、街拍、网络数据获取等方式，收集与企业及产品相关的市场环境、流行趋势、消费需求及竞争对手情况等方面的信息，同时还需要了解企业内部的生产经营情况等。信息收集是否全面和准确决定了本次商品企划方案的准确度和合理性。

2.数据分析

收集到的信息需要通过数据分析，如汇总、分析、判断、筛选、整合等操作，找出品牌定位、产品设计及销售推广等企划过程中所需要的各项对比、环比数据，并给出相关分析报告，作为制订产品开发、销售策略等方案的参考和依据。这些数据分析的结果决定了商品企划的方向和思路，不仅可以使设计师在产品设计时有据可依，使营销部门制订销售推广方案时有的放矢，同时还可以了解市场现状及发展趋势、掌握竞争对手的情况，为企业调整经营策略提供参考资料。

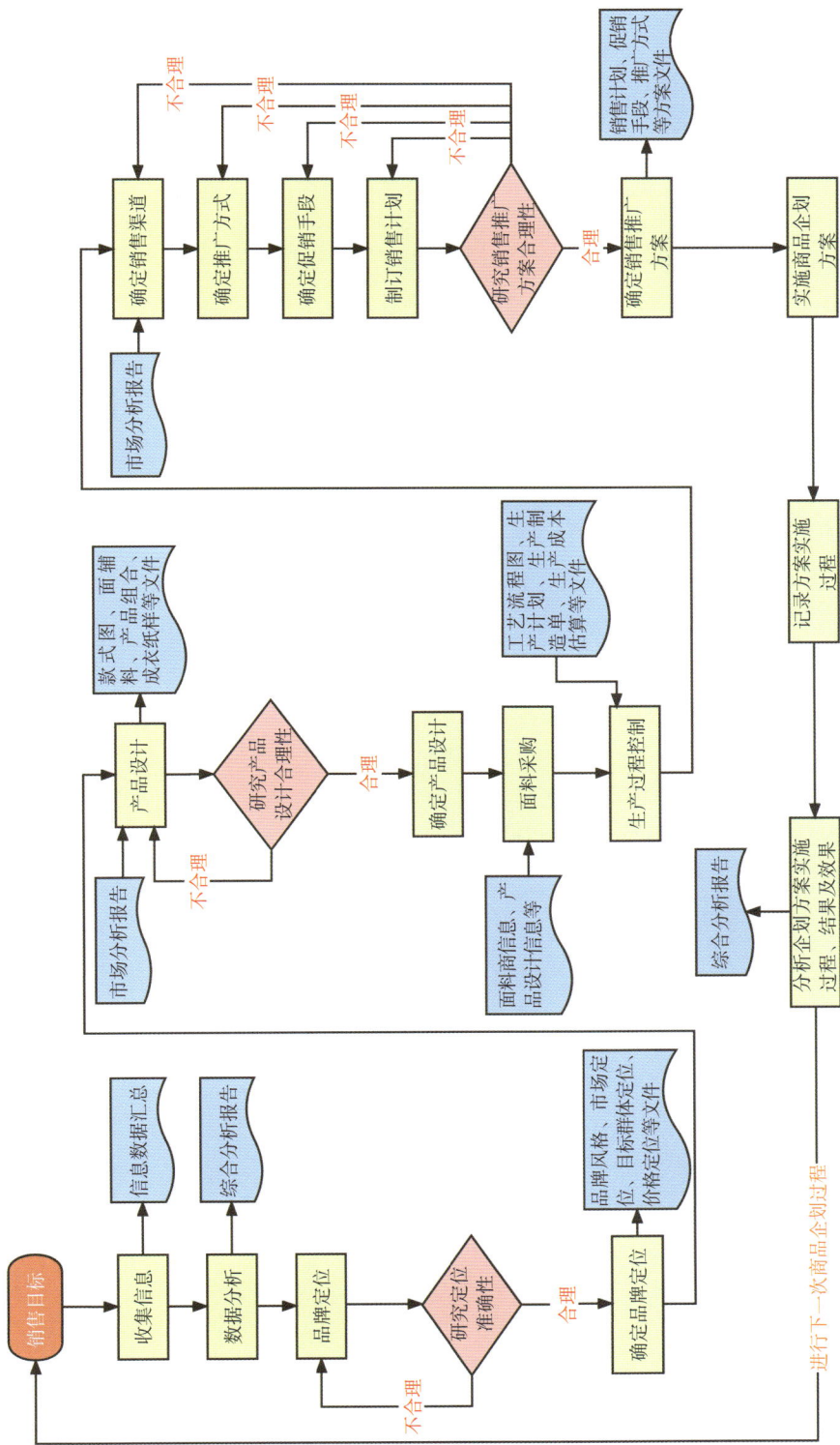

图1-4 服装商品企划工作流程图

3. 品牌定位

企划部门根据收集到的信息和数据分析结果进行品牌定位或调整，包括品牌的市场定位、目标客户群定位、产品类型定位、价格区间定位、销售模式定位等。精确的品牌定位决定着后期产品设计、营销推广方式和方法的准确性，而企业各部门的工作将围绕如何讲好品牌故事、如何将品牌及产品推向消费者、如何提升品牌价值等内容展开，并为这一共同目标进行通力合作。

4. 产品设计

在确定了品牌的目标客户、产品类型及价格区间后，设计师根据市场调查的相关信息进行产品系列设计。首先，确定各上市波段的产品类型及产品组合；然后，确定各波段产品的主题、风格、款式造型、色彩及图案、面辅料、产品组合、包装等具体内容；最后，还需要确定各产品的号型分布并制作生产纸样，制订工艺方法、放码和排料方案等指导后续生产的相关内容和文件资料。

5. 面料采购

根据市场调查及数据分析中的面辅料信息，在设计部门确定了产品的面辅料、色彩及图案等内容之后，采购部门需要选择面料商并与之进行沟通和协商，确定各种面料、辅料、包装材料的价格及供货时间等，进而制订详细的采购计划并进行物料成本估算，为生产过程控制提供保障，为产品定价提供依据。

6. 生产过程控制

生产部门需要与销售部门对接产品上市时间，并根据实际的生产能力制订合理的生产计划，以确保能在上市前生产出符合数量和质量要求的产品。如果产品生产是外包给代加工企业，则需与代加工企业进行切实有效的沟通，排除各项影响因素，确保万无一失。生产部门还需根据生产过程控制需要，制订生产制造单、工艺流程图、工序平衡方案等相关文件资料，并进行生产成本估算。

7. 营销推广方案

营销部门根据市场调查及数据分析结果等相关信息制订营销推广方案，选择适合的销售渠道，根据客户喜好选择最直接、有效的推广方法，根据不同时间和波段选择适合的促销手段，根据波段制订相应的销售计划等。销售推广计划的制订与品牌的品牌定位、生产能力、产品的生命周期及市场现状等有直接关系，并且在销售过程中，会根据实际情况进行修正和调整。

8. 商品企划过程分析

在商品企划方案的实施过程中，企业往往会根据实际情况进行及时调整和修改，以降低损失或获取更大利益。因此，需要对调整和修改的内容进行详细的记录，包括问题情况的描述、发生的时间、调整的方法及效果等，并在结束后对整个企划过程进行分析和总结，将经验和教训应用于下一次的商品企划过程，如果循环可以让企业每一次的商品企划方案更加合理，尽量减少不必要的损失，从而获得最大的经济效益。

服装商品企划

第二节　商品企划部的组织架构

组织架构是指企业内部各部门、各层级的构成方式，体现企业运作流程、部门设置、职能分配、层级关系、责权范围等，是企业开展业务、组织生产、资源分配等的依据，企业需根据自身经营范围和技术能力进行组织架构设计。

组织架构设计以保证企业生产率和效率的提高为首要目标，综合考虑企业经营战略、企业规模、企业文化、成员状况、技术及技术设备的水平等方面，并参考社会上的新体制、新制度、新组织、新管理方法等，还可以参考竞争对手的组织结构形式。

一、组织架构类型

组织架构的设置往往跟企业的经营规模有直接关系，会随着时间和环境的变化进行调整。企业可根据经营规模及经营产品的生产销售特点等方面考量商品企划的工作量，考虑是否设立商品企业部及如何设置其组织架构。

1. 无商品企划部门

当企业规模较小或产品生产销售过程较为简单时，可不设立专门的商品企划部门，将相关工作量分配至相关部门中，但是在实际运营过程中，需加强各部门之间的沟通，提高主动性（图1-5）。

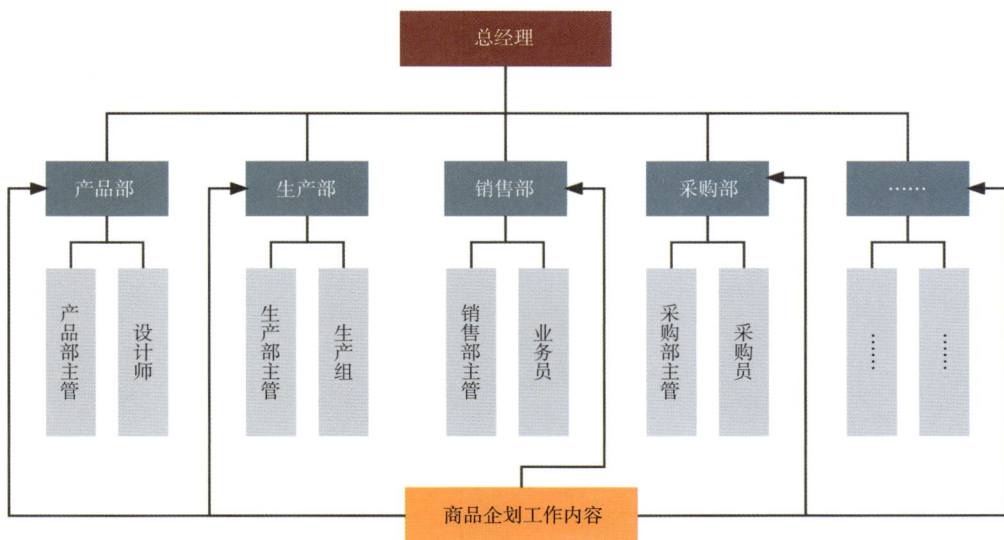

图1-5　无商品企划部门的企业组织架构示例

2.有商品企划部门

当企业规模较大且产品生产销售过程较为复杂时，产品的设计、生产和销售过程需要进行统筹和规划，这样的企业往往需要设立商品企划部，根据产品上市时间统筹规划各部门的工作计划，统筹企业资源，集中各部门技术优势，以达到各部门密切配合、步调一致（图1-6）。

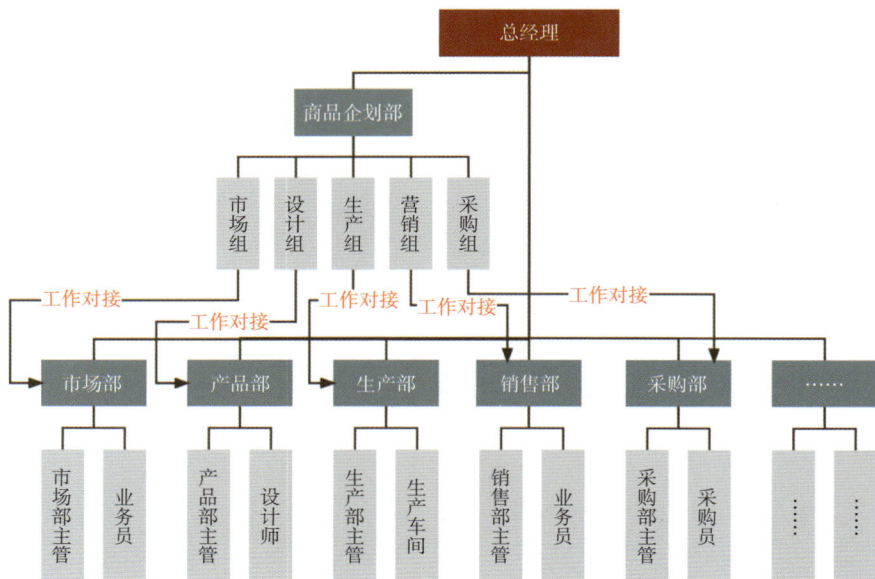

图1-6　有商品企划部门的企业组织架构示例

二、商品企划部门人员构成

设立商品企划部的品牌需设置商品企划部经理岗位，负责整个部门的管理、内部协调、工作分配、绩效考核及与其他部门经理沟通等相关工作。商品企划部门内部可根据工作内容下设若干工作组，如品牌企划组、产品企划组等，各工作组设置组长一名、企划师若干，负责进行本小组企划内容的相关工作（图1-7）。

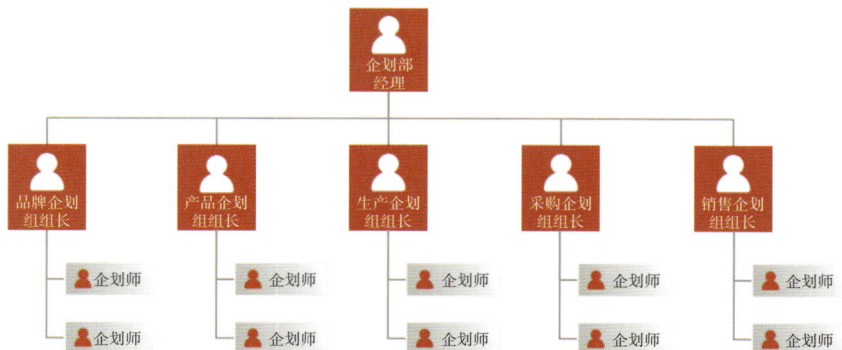

图1-7　商品企划部门人员构成

服装商品企划

三、商品企划人员岗位职责

服装企业的商品企划师对于企业内部需承担快速合理安排各项生产计划、协调企业的内部运作环境的职能，对企业外部需承担打造企业形象、提高品牌知名度、改善品牌的外部生存环境的职能。

服装商品企划人员的岗位职责主要有以下几个方面。

（1）负责搜集各类市场信息，如最新流行趋势、行业市场现状、竞争品牌动态等，并编写市场分析报告。

（2）根据本品牌年度同期销售数据、竞争品牌销售数据等进行相关数据分析，并编写数据分析报告。

（3）参与品牌定位、产品介绍、产品推广等文案撰写工作。

（4）根据经营目标，制订产品发展策略，规划每一季产品的组合、品类、价格、上市波段及具体需求计划等。

（5）与设计部门充分沟通，确定每一季产品的主题、风格、款式设计等，确保产品开发计划确实可行。

（6）制订每一季产品的上市计划，明确销售渠道、产品配置及时间安排等。

（7）与生产部门沟通，共同制订生产计划，确保每一季产品能够按时、按量、按质完成生产。

（8）与采购部门保持联系和及时沟通，确保每一季物料的及时供应。

（9）与销售部门充分沟通，共同制订每一季产品的波段销售计划、推广方法、促销手段等具体方案。

（10）监控企划方案的实施过程，根据出现的问题及时沟通与调整，并做好记录、汇总和分析，给出分析报告。

商品企划部门的工作职责不仅限于以上内容，各企业可根据自身经营范围、产品特点和职员能力等具体情况进行具体的调整和增减。

四、服装商品企划人员能力需求

商品企划人员不仅需要基础的专业知识和技能，还要具备一定的发现问题、决策判断、公关沟通和管理能力，是一个对综合能力要求较高的职位，因此一个优秀的服装商品企划人员需要具备的主要能力包括以下10个方面。

1.专业技术能力

具备基本的纺织服装专业知识，了解服装的设计、生产与销售方面的相关内容，并对时尚感知度高，对流行趋势解读能力强，同时熟练掌握各种办公软件及ERP系统软件。

2. 信息收集及处理能力

具有较强的市场调查能力，熟悉信息收集的主要方式、方法和渠道，能够收集到较为准确和全面的各种信息，并能对信息进行判定、筛选、整理和整合，能够利用软件进行数据提取和汇总。

3. 感知与预见能力

具备对数据及信息的敏感性，能够及时发现出现的异常情况及存在的问题，同时能够预见这些异常和问题对企划活动产生的各种影响，并能结合自身的专业能力给出合理的建议或解决办法。

4. 分析及决策能力

具有较强的逻辑思维能力，能够对数据及信息进行全方位、多角度的分析和思考，能做对品牌现状及市场情况做出准确判断，能够对企划方案中的内容及目标进行合理假设和构想，并从多种企划方案中做出决策，制订最优方案。

5. 创新设计能力

具有丰富的想象力和独立创新能力，善于运用专业知识并结合实际情况，提出富有新意且可行性的新设计、新方法、新思路、新途径。

6. 撰写及表达能力

具有一定的文字、图片、视频等资料的处理能力，了解策划方案及相关文件的格式和内容要求，并能够独立完成文案、PPT等文件的撰写工作；同时，需要具备较强的表达能力，能够条理清晰、简明扼要、重点突出、语言准确、表述流畅地进行汇报和演示。

7. 实践与执行能力

能够理解企划方案的内容和实施条件，能够按照方案的实施步骤和要求，完成相关工作，并能够在实施过程中，根据实际情况做出及时、合理、有效的调整和改进，确保企划方案顺利实施并取得较好的效果。

8. 沟通与协调能力

具备与各相关部门进行良好沟通的能力，能够利用良好的组织能力整合资源优势，并合理安排时间、人力和资金等，同时在企划方案实施过程中，做好各部门、各环节的协调工作，及时沟通和解决出现的问题。

9. 团队协作能力

具有较好的团队意识和全局观念，能够与团队成员进行良好的沟通与合作，共同协作完成团队工作和目标，并通过资源共享和互帮互助充分发挥各自专业能力和优势，提升团队工作效率。

10. 持续学习能力

具备主动从不同渠道获取信息和资源的能力，保持对新知识、新技能的学习热情和持续学习的状态，通过持续学习不断提升自身的专业水平和工作能力，并能够将新知识、新技能运用到工作和实践过程，有助于提升企业和团队的工作效率及创造力。

PART

2

服装市场分析

品牌企划在进行产品开发前，需要对目标市场和目标客户进行详细分析，获得目标市场的动态和趋势、目标客户的喜好和习惯等相关信息，然后进行针对性的产品开发和投放，并制订行之有效的销售策略，以获取最大的经济效益。

商品企划部门在收集市场信息时要明确收集信息的目的是什么、各环节需要什么信息、信息来源是什么、如何才能获取相关信息等，进而制订准确的信息收集计划及信息收集的方式和方法，以确保信息的时效性、适应性、准确性和完整性等。

<h1 style="text-align:center">第一节　市场信息</h1>

市场信息是指在一定的时间和条件下，与商品的设计、生产、销售、服务等有关的各种消息、情报、数据、文件、资料等，表现形式有文字、表格、图片、语音、影像等。服装商品企划工作需要收集的市场信息包括服装流行信息、品牌市场信息、服装生产信息及服装销售信息等。

一、服装流行信息

服装流行信息主要包括色彩流行趋势、面料流行趋势、款式流行趋势等。

1.色彩流行趋势

全球权威的色彩机构如 Pantone Color Institute、德国 RAL 色彩、日本 DIC 株式会社、中国应用色彩体系 Coloro 等，每年都会提前发布未来 1~2 年流行色的趋势预测。这些流行色和趋势信息不仅用于服装行业，还用于如纺织材料、建筑装饰、产品设计等其他与色彩有关的行业，是这些行业的设计师们重要的灵感来源和参考素材。例如，趋势预测与色彩咨询机构潘通色彩研究所（Pantone Color Institute™）于 2022 年 2 月 10 日、2 月 18 日发布了2022/2023 秋冬的纽约时装周和伦敦时装周的十种流行色和五种主打核心经典色（图 2-1、图 2-2），2021 年 4 月 15 日权威趋势预测机构 WGSN 联合色彩解决方案领导者 Coloro 共同发布 2023 年春夏关键色（图 2-3），全世界各行各业的设计师们可以参考这些色彩进行各种产品的色彩设计。

PANTONE 18-1552
Lava Falls

PANTONE 14-0851
Samoan Sun

PANTONE 16-1358
Orange Tiger

PANTONE 17-2624
Rose Violet

PANTONE 18-2624
Amazon

PANTONE 14-2806
Nosegay

PANTONE 14-4618
Waterspout

PANTONE 18-1148
Caramel Cafe

PANTONE 19-4127
Midnight

PANTONE 18-0625
Martini Olive

PANTONE 12-0602
Arctic Wolf

PANTONE 12-0813
Autumn Blonde

PANTONE 19-4105
Polar Night

PANTONE 17-0210
Loden Frost

PANTONE 16-3917
Chiseled Stone

图2-1   Pantone 2022/2023秋冬纽约时装周色彩系列及核心经典色
（图片来源：Pantone 中国官网）

PANTONE 18-1555
Molten Lava

PANTONE 16-1460
Dragon Fire

PANTONE 19-3526
Meadow Violet

PANTONE 18-6026
Abundant Green

PANTONE 14-0952
Spicy Mustard

PANTONE 17-4032
Lichen Blue

PANTONE 13-2005
Strawberry Cream

PANTONE 14-4618
Waterspout

PANTONE 19-1419
Chicory Coffee

PANTONE 17-0529
Cardamom Seed

PANTONE 12-1403
Tapioca

PANTONE 15-1040
Iced Coffee

PANTONE 16-1347
Peach Caramel

PANTONE 19-4021
Blueberry

PANTONE 18-4006
Quiet Shade

图2-2   Pantone 2022/2023秋冬伦敦时装周色彩系列及核心经典色
（图片来源：Pantone 中国官网）

Coloro code 134-67-16   Coloro code 010-46-36   Coloro code 028-59-26   Coloro code 114-57-24   Coloro code 092-38-21

图2-3   WGSN联合Coloro发布的2023年春夏关键色（图片来源：腾讯网）

2.面料流行趋势

在色彩流行趋势发布之后，各大面料生产商会发布面料的流行趋势。每年面料商会根据色彩流行趋势进行纱线和织物设计，提出未来一年面料的材料主题、面料肌理、色彩图案等流行趋势，并通过参加各种国际专业的纱线面料展会向全世界发布，为全世界的纺织品设计师和服装品牌商家提供产品开发思路和方向。例如，2022年2月8日~10日在法国举办的Première Vision展上，参展的面料商们展示了2023年春夏季面料潮流趋势（图2-4）；2021年12月21日美国棉花公司携手中国女装面料流行趋势研究院，在"CTIC时尚学院"直播间共同发布了"2023春夏流行趋势和消费者生活方式"，将2023年春夏的面料流行趋势分为四个主题（图2-5）。

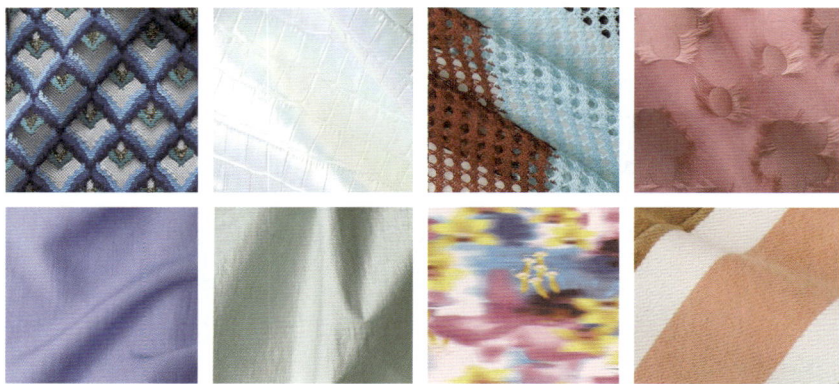

图2-4　2022年巴黎Première Vision线上展会部分面料（图片来源：POP服装趋势网）

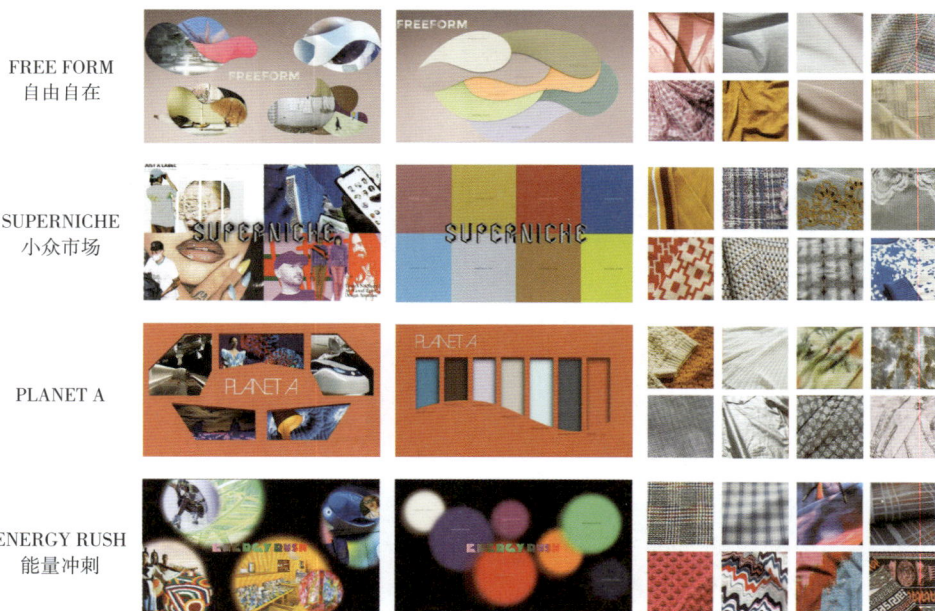

图2-5　美国棉花公司（Cotton Incorporated）与中国女装面料流行趋势研究院发布2023春夏面料流行趋势（图片来源：中国服饰商情网）

3.款式流行趋势

在各大国际品牌设计者获得了色彩及面料流行趋势之后，往往会提前一年左右确定设计主题、服装风格、廓型及款式细节等，并在各大国际时装周期间发布，展示新一季的产品系列设计，如图2-6所示为2022秋冬季伦敦、巴黎、米兰和纽约等时装周部分品牌发布会上展示的时装。世界各国的设计师通过参加发布会、浏览时尚资讯网站等方式，捕捉这些品牌发布会展现出来的色彩、面料、款式等流行趋势，激发设计灵感，在各自品牌的产品开发过程中紧跟流行趋势。

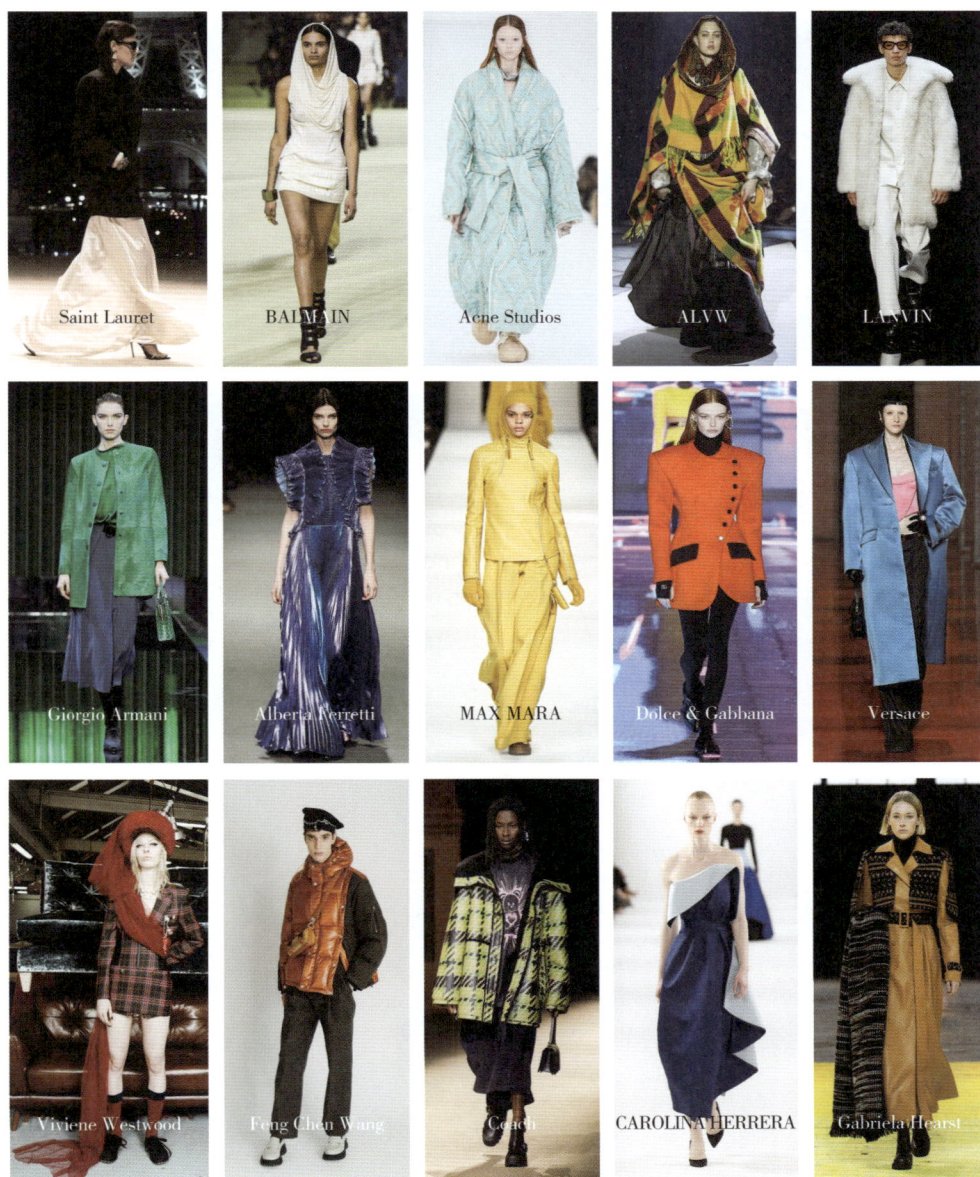

图2-6　2022秋冬季部分品牌产品发布（图片来源：YOKA时尚网）

二、服装品牌市场信息

服装品牌市场信息包括目标市场信息、竞争品牌信息、目标客户信息等。

1.目标市场信息

目标市场信息调查的主要内容包括销售区域、已有品牌及产品品类等基本情况（图2-7）。通过对目标市场的调查，可以了解目标市场的市场现状、销售环境、消费需求等，经过系统分析后，可作为品牌进行市场细分、营销策略制订、产品开发等相关工作的理论基础。

图2-7　目标市场信息调查主要内容

2.竞争品牌信息

竞争品牌信息调查的主要内容有竞争品牌的品牌现状、产品构成、品牌资源、品牌优势、消费者评价、品牌发展等（图2-8）。通过对目标市场内竞争品牌的调查，可以了解竞争对手的发展现状、优势和存在的问题，经过对比分析后，可以明确自身品牌的竞争优势和突破口，为自身品牌制订准确的竞争策略、成功进入目标市场，并与竞争对手抗衡打下基础。

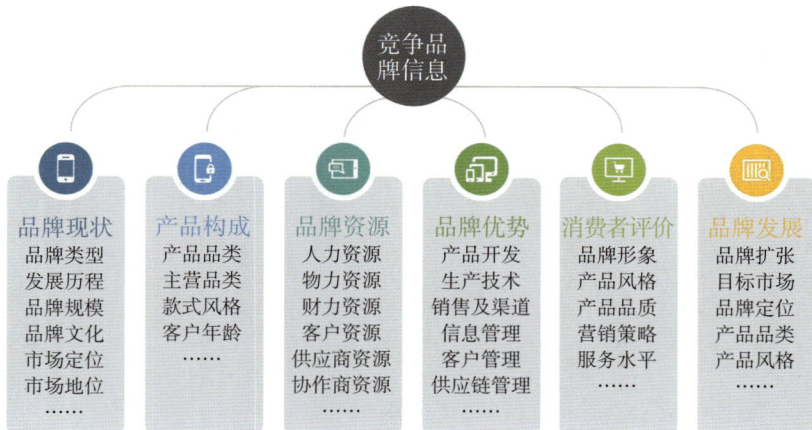

图2-8　竞争品牌信息调查主要内容

3.目标客户信息

目标客户信息调查的主要内容包括个人信息、个人喜好、消费习惯、购买行为等（图2-9）。通过对目标客户的调查，可以了解销售对象的个人喜好、消费水平、产品需求等内容，分析结果可以让品牌的产品开发和营销策略更具针对性和准确性。

目标客户信息

个人信息	个人喜好	消费习惯	购买行为
性别	娱乐方式	购买动机	品牌认知
年龄	产品品类	消费态度	购买渠道
职业	色彩组合	收入分配	购买时间
学历	面料成分	服务需求	购买数量
收入	产品风格	促销方式	购买频次
家庭成员	搭配习惯	价格区间	支付方式
……	……	……	……

图2-9　目标客户信息调查主要内容

三、服装生产信息

服装生产信息是指服装生产加工过程中影响或决定生产周期、产品品质和工艺难度等方面的信息和资料，如面辅料供应商的情况、生产企业的生产能力和技术水平等。

1.服装面辅料供应信息

面辅料信息调查的主要内容有产品所需面辅料的销售地点、供应商情况、物流情况、采购流程等（图2-10）。通过对面辅料生产企业及销售市场的调查，可以了解到去哪里购买服装产品制作过程中所需的面料、辅料、包装材料等，以及这些材料的类别、特点、价位和运输方式等，为制订合理的采购计划提供基础信息，确保产品能够按质、按量、按时生产和销售。

面辅料供应信息

面辅料市场	供应商	物流	采购流程
地理位置	企业类型	物流方式	采购方式
经营规模	企业规模	运输时间	流程内容
主营产品	企业信誉	运输成本	到货时间
产品品质	主营产品	可靠性	交货方式
销售方式	质量及价格	安全性	采购成本
价格水平	交货期	……	……
……	服务水平		
	……		

图2-10　面辅料供应信息调查主要内容

2. 服装生产能力信息

服装品牌企业如果自身具备生产能力，则需调查了解本企业目前的生产现状，包括生产能力、技术水平、生产周期、品质水平等，还需了解企业进行产品转换、生产计划变更、工艺技术调整、人员变动等突发情况的调整周期有多久，进而为制订合理的生产计划、确保销售策略和计划的准时性和准确性打下坚实的基础。

3. 外协生产企业信息

对于没有生产能力的服装品牌，或者生产能力不足时，则往往需要通过寻求外协生产企业帮助完成产品生产。为确保自己的产品能够被顺利生产出来，品牌需要对外协生产企业的相关信息进行调查，选择适合的外协企业并对其进行监控和管理。外协生产企业信息包括可提供外协的企业及生产类型、企业信誉、生产能力、技术水平、质量水平、外协条件、合作情况等。

4. 服装生产技术发展现状

品牌还需要通过市场调查了解目前服装生产技术的发展现状，如服装缝制的最新方法和效果、缝制加工设备的智能化情况、服装生产线组织模式转换情况、服装生产企业的技术水平现状、服装生产周期的调整情况等。这些信息在制订企划方案时，可作为确定产品结构和工艺设计、产品品质要求、产品成本核算、产品上市时间计划等相关内容的参考依据，有助于提升企划方案的合理性和准确性，还可以作为选择生产企业及外协企业的参考指标。

四、服装销售信息

服装销售信息主要是指影响或决定品牌确定产品销售方式、销售渠道、销售推广方法、产品开发数量等方面内容的相关资料，如销售渠道的类型及特点、销售推广方法及应用条件、品牌及竞争对手的销售数据等。

1. 销售渠道信息

服装产品的主要销售渠道包括线下传统销售渠道以及利用电子信息技术开展的线上销售渠道（图2-11）。通过对本品牌现有销售渠道的调查，可以了解到产品销售的路径、销售过程的参与者、销售价格的构成和占比、品牌对产品的控制程度等相关信息；同时，还可以对本品牌尚未选择的销售渠道进行分析，了解这些渠道的销售流程、销售方式、优缺点、销售成本及利润比等，寻找本品牌扩展销售渠道的可能性。

2. 促销手段信息

服装产品的促销手段主要有广告促销、人员促销、公共宣传和营业推广等（图2-12）。通过调查本品牌现有的促销手段、方式及其应用效果，可以了解到消费者接受和喜欢的促销方式的种类、促销方式效果情况、成本和效益情况、各种促销方式适合的时间和地点等相关信息，为制订本次营销计划提供数据支持。同时通过调查竞争对手的促销推广情况及市场上的新兴促销手段，了解竞争对手采用的促销方式及效果、新兴促销手段的优缺点及应用条件等，为品牌决定是否调整和扩充促销方式提供依据。

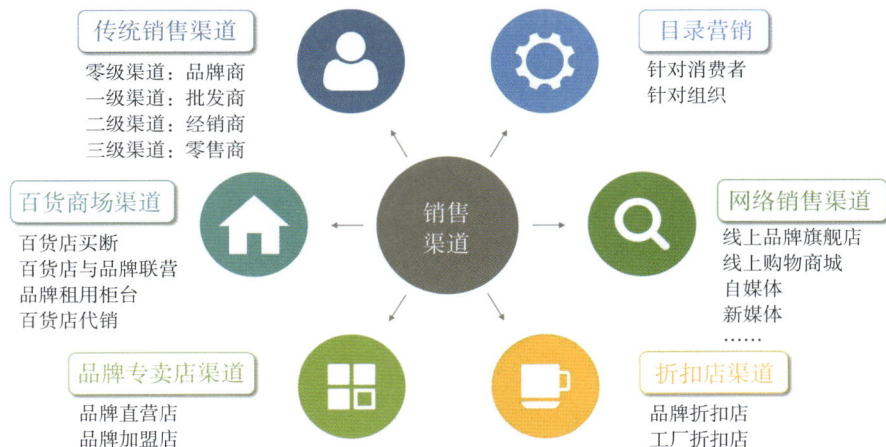

传统销售渠道
零级渠道：品牌商
一级渠道：批发商
二级渠道：经销商
三级渠道：零售商

目录营销
针对消费者
针对组织

百货商场渠道
百货店买断
百货店与品牌联营
品牌租用柜台
百货店代销

网络销售渠道
线上品牌旗舰店
线上购物商城
自媒体
新媒体
……

品牌专卖店渠道
品牌直营店
品牌加盟店

折扣店渠道
品牌折扣店
工厂折扣店

销售渠道

图2-11 服装产品主要销售渠道

广告促销
● 平面广告
● 视听广告
● 展会广告
● 公益广告
● 赞助活动广告
● ……

人员促销
● 上门推销
● 店铺推销
● 会议推销
● ……

公共宣传
● 公众人物
● 公共媒体
● 新闻事件
● 社区关系
● 社会理念
● 出版物
● ……

营业推广
● 降价和折扣
● 优惠券
● 产品组合销售
● 抽奖活动
● 现场演示
● 售后服务
● ……

促销手段

图2-12 服装品牌主要促销手段

3.销售数据信息

　　服装品牌在进行新一季的商品企划之前，还需要调查上一季度及去年同期的销售数据，了解品牌各品类产品的销售情况，如销售数量、利润额度及分配、利润比等，分析目标市场销售现状及目标客户的消费变化情况等，进而为制订新一季的商品销售目标提供依据。销售数据信息调查的内容主要有各个店铺的销售数据、不同渠道的销售数据及竞争品牌的销售数据（图2-13）。

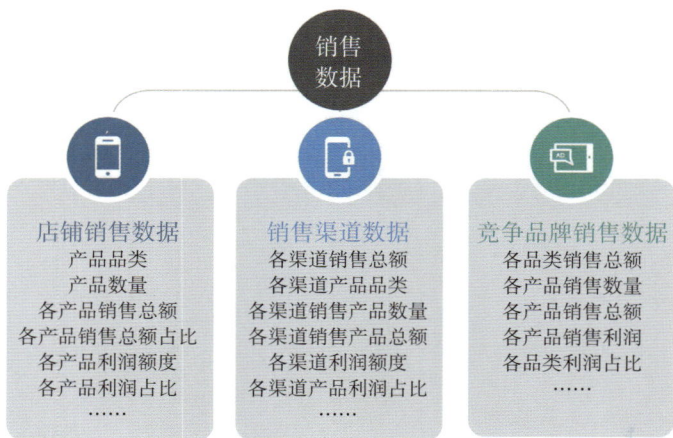

图2-13　销售数据调查主要内容

第二节　市场信息获取的主要方法

　　市场信息获取的方法有很多种，如观察法、调查法、实验法、资料分析法等（图2-14），服装品牌企业可以根据市场信息的种类和用途选择适合的获取方法，并以图片、文字、表格、视频等形式进行妥善保存，以备后期进行整理和分析。

观察法
- 街拍
- 参加展会
- 现场走访

实验法
- 实物实验
- 虚拟仿真实验

调查法
- 问卷调查
- 访谈调查

资料分析法
- 企业内部资料
- 企业外部资料

市场信息获取方法

图2-14　市场信息获取的主要方法

一、观察法

　　观察法一般是指通过视觉、听觉等感官对观测对象进行直接感知和观测，并借助现代化的设备进行辅助观察和记录。服装市场信息常用的观察法有街拍、参加会议、现场走访等。

1.街拍

　　街拍是指摄影师用摄影及摄像器材在街头拍摄明星、路人的镜头，用于收集和展示时尚元素、流行趋势和消费行为等信息。通过分析街拍照片和视频，可以整理出当季的服装色彩、面料、款式、服饰搭配等流行信息，深入分析后还可以了解到当地的消费者的穿着喜好、购物行为等信息，为制订新一季商品企划方案提供资料。

2.参加展会

设计师或企划人员可以通过参加国内外的品牌产品发布会、面料展（图2-15）、设备展等收集第一手信息，了解服装款式、面料的流行趋势及最新的生产技术和生产设备情况等，还可以参加如纺织服装行业协会举行的行业论坛、科技成果转化会、企业产品展会等，了解纺织服装行业发展的最新信息。

图2-15　intertextile大湾区国际纺织面料及辅料博览会（图片来源：intertextile官方网站）

3.现场走访

信息收集人员可以根据信息的用途对面料市场（图2-16）、工厂、专卖店、百货商场等地进行针对性地现场走访调查，并通过观察和询问等方式收集相关信息，如面料的具体价格和特性、生产技术和生产周期、产品销售情况等，这种方式获得信息具有更强的真实性、准确性、目的性和可靠性。

图2-16　广州中大纺织商圈（图片来源：金羊网）

二、调查法

调查法通常是指对研究对象进行全面或比较全面的调查，记录调查内容和过程，通过对记录内容的判断、筛选、统计和综合分析等操作得到结论。服装市场信息常用的调查法有问卷调查和访谈调查等。

1.问卷调查

问卷调查是一种以书面方式提出问题并由相关人员完成回答的信息收集方法。收集人员可根据所需信息的内容、来源、准确性、覆盖面等特点设置问题，并通过现场、网络、报纸杂志等渠道进行发放和回收，最后通过问卷的整理、筛选和分析，提取出所需的各种信息。

2.访谈调查

访谈调查是指由信息收集员直接向调查对象提出问题，调查对象进行即时回答的信息收集方法。访谈调查按照与调查对象的交谈方式，可分为现场访谈、电话访谈、线上访谈、直播访谈等；按照调查对象的人数，可分为个别访谈、集中访谈和会议访谈等。信息收集员可根据调查信息内容的目的、准确度、覆盖面等特性，以及调查对象的代表性、调查样本的数量大小、调查场所要求等具体情况，选择适合的访谈方式。

三、实验法

实验法是指根据所需了解的信息内容，设置针对性的条件、情境、方式，通过做实验的方法测试产品、计划、策略、方案等实际情况。在实验开始之前，需根据实验的目的和内容，制订相应的实施流程和方法，选定适当的实验对象。在实验进行过程中，可改变各变量，以测试某个变量与其他变量之间的因果关系。实验方法可根据具体情况进行实物实验或虚拟仿真实验。通过对实验结果的整理和分析，即可得到相关数据、文字等信息。

四、资料分析法

资料分析法是指信息收集员通过收集相关资料，并对其进行分析以获得所需信息的方法。资料表现形式主要有文字、数据、图片、视频、录音等。资料可以来源于企业内部，如各种生产、销售数据，也可来源于企业外部，如网络上的图片和视频、公开发行的期刊、研究机构的研究报告、政府公开的各种统计数据等。

资料分析法需要分析人员具有判断资料真伪、数理统计分析及运用现代信息技术处理资料的能力，并且对相关信息具有一定的敏感性，能够在纷乱复杂的资料中找到关键的信息点，同时具备总结和分析的能力，能够独立完成资料分析报告。

第三节 市场信息分析

通过各种方式从各种渠道获取的市场信息经常是杂乱无章、真伪并存的状态，而这些信息往往需要根据内容和用途进行分类整合，使信息变得井然有序，并经过整理和分析，存真去伪后，才能得到作为商品企划方案的制订依据。

服装市场信息分析主要包括目标市场分析、销售数据分析、流行信息分析和产品分析等。

一、目标市场分析

1.商圈分析

服装品牌的销售活动一般有一定的地理位置和区域，以店铺或顾客所在的地点为中心向周围扩展，这就是所谓的"商圈"。不同的商圈因地理位置、交通情况、人口数量、经济水平等因素存在较大差异，因此，品牌开展销售活动或者扩展销售范围之前，需要对所在的商圈进行详细分析。

商圈分析的主要内容包括店铺的地理位置、经营方式、店铺规模、经营的产品品类、竞争品牌店铺位置、顾客流动情况、交通条件、收入水平、消费习惯、民俗文化等。商圈分析的结论可为店铺选址、制订和调整经营方针及销售策略提供依据。

2.竞争对手分析

对服装品牌来说，无论是进入新的商圈还是维持和提升本品牌在原商圈的市场地位，都需要对商圈内的现有竞争对手、新进竞争对手和潜在竞争对手进行不同深度的SWOT分析，了解竞争对手的优势和不足，判断竞争对手的营销策略和发展方向，对比寻找本品牌的产品及服务的竞争优势，取人之长补己之短，制订相应的策略，以提升本品牌的市场占有率和竞争力。

竞争对手分析的主要内容包括产品分析、客户分析、营销策略分析、盈利情况分析、综合竞争力分析等。

（1）产品分析。通过分析竞争对手的产品有哪些品类、每个品类有哪些单品、不同地区各单品的销售情况、产品风格特点、产品质量水平、产品价格区间等方面的信息，了解竞争对手相关产品的特点和销售情况。

（2）客户分析。通过分析竞争对手的目标客户的年龄、性别、收入、消费习惯、对品牌的忠诚度和满意度等方面的信息，了解竞争对手的消费群体特征。

（3）营销策略分析。通过分析竞争对手采取的产品策略、价格策略、渠道策略、促销策略、公共关系策略等，如销售方式、销售地点、价格调整、促销手段等，确定竞争对手成效较好的营销策略有哪些，可以作为本品牌制订营销策略的参考。

（4）盈利情况分析。通过分析竞争对手的月季年度销售总额、月季年度净利润、单店销售额、单品销售额及利润、各品类销售额及利润等数据，了解竞争对手的获利情况。

（5）综合竞争力分析。综合分析竞争对手的市场地位、声誉和形象、经济实力、产品开发能力、产品质量水平、生产技术能力、市场适应能力、应变能力、顾客服务能力等，确定竞争对手的优势和劣势。

3. 目标客户分析

目标客户分析的主要内容包括目标客户的个人信息、购买动机、产品需求、消费习惯、消费水平及相关信息等。品牌通过问卷调查、店铺销售信息（图2-17）等数据资料的分析，明确目标客户的需求，进而进行针对性地开发产品，制订行之有效的销售策略。

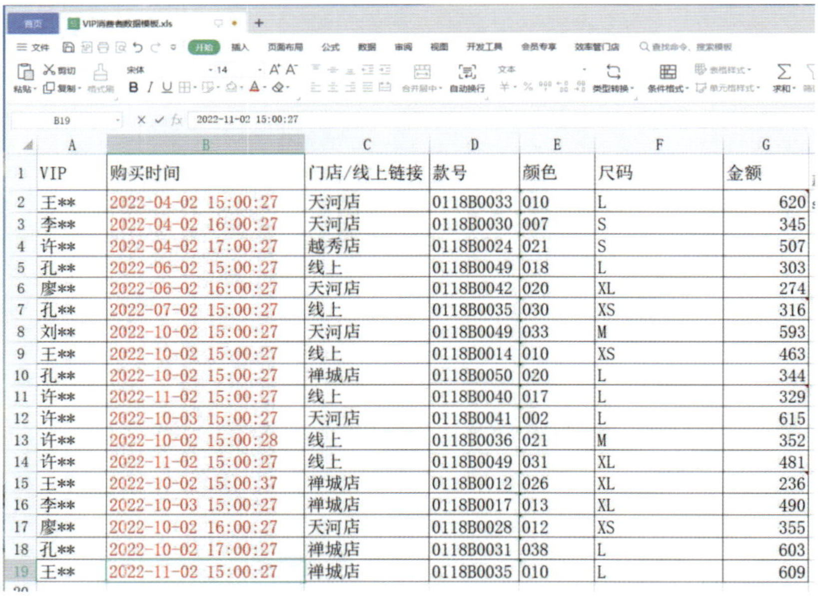

VIP	购买时间	门店/线上链接	款号	颜色	尺码	金额
王**	2022-04-02 15:00:27	天河店	0118B0033	010	L	620
李**	2022-04-02 16:00:27	天河店	0118B0030	007	S	345
许**	2022-04-02 17:00:27	越秀店	0118B0024	021	S	507
孔**	2022-06-02 15:00:27	线上	0118B0049	018	L	303
廖**	2022-06-02 16:00:27	天河店	0118B0042	020	XL	274
孔**	2022-07-02 15:00:27	线上	0118B0035	030	XS	316
刘**	2022-10-02 15:00:27	天河店	0118B0049	033	M	593
王**	2022-10-02 15:00:27	线上	0118B0014	010	XS	463
孔**	2022-10-02 15:00:27	禅城店	0118B0050	020	L	344
许**	2022-11-02 15:00:27	线上	0118B0040	017	L	329
许**	2022-10-03 15:00:27	天河店	0118B0041	002	L	615
许**	2022-10-02 15:00:28	线上	0118B0036	021	M	352
许**	2022-11-02 15:00:27	线上	0118B0049	031	XL	481
王**	2022-10-02 15:00:37	禅城店	0118B0012	026	XL	236
李**	2022-10-03 15:00:27	禅城店	0118B0017	013	XL	490
廖**	2022-10-02 16:00:27	天河店	0118B0028	012	XS	355
孔**	2022-10-02 17:00:27	禅城店	0118B0031	038	L	603
王**	2022-11-02 15:00:27	禅城店	0118B0035	010	L	609

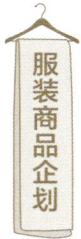

图2-17 VIP客户数据消费汇总表

（1）个人信息分析。调查分析目标客户的性别、年龄、职业、收入等基本信息，确定目标客户群的基本特征，绘制目标客户画像，进而进行有针对性的产品开发和定价。

（2）消费行为信息分析。分析目标客户的购买动机、消费习惯、购买渠道、可接受的服务方式、购买的数量、消费额度等相关信息，了解目标客户的消费特点和消费习惯。

（3）产品信息分析。通过分析目标客户购买的品类和款式、色彩和面料的选择、对产品的评价等产品方面的信息，了解目标客户对产品的需求和喜好，进行有针对性的品类设置和产品设计。

4. 销售渠道分析

销售渠道分析一般需要分析的主要内容是不同渠道销售的产品数量和销售额、各渠道销售成本和利润对比、品牌在各个销售渠道的销售情况对比、本品牌与竞争品牌在各渠道的销售情况对比等。通过销售渠道分析，可以判断品牌产品在各个销售渠道的表现，在了解竞争品牌在各销售渠道的表现后，可以掌握品牌在不同销售渠道内的优势和劣势，作为品牌调整、拓展或退出各销售渠道的依据。

二、销售数据分析

销售数据分析主要分为两个方面：一是对本品牌的销售波段、各级店铺、产品品类、销售额度、利润、成本等相关数据进行同比和环比分析，得到产品销售过程的变化情况和发展趋势，找出存在的问题，分析主要原因，并给出应对措施；二是分析竞争品牌的相关销售数据，并将本品牌的销售数据与竞争对手的相关数据进行对比分析，找出本品牌的优势和劣势。

1.产品销售数据分析

产品销售数据分析一般是将所有产品的销售数据进行整理和汇总后得到不同地区、不同品类、不同款式的销售和库存等信息（图2-18），通过对比分析，能够了解各产品的销售量排序，结合利润和成本等信息进行综合分析后，可以作为品牌进行产品组合调整和修改的依据。

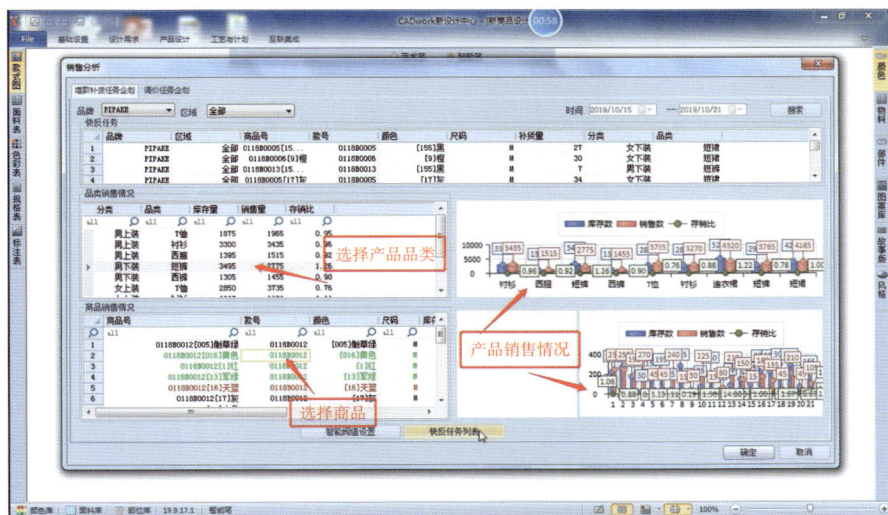

扫二维码
可见操作视频

图2-18 产品销售数据分析

2.销售数据的分析方法

根据数据分析目的及侧重点不同，销售数据分析可分为同比分析和环比分析（图2-19）。

同比分析是指将本年度某时间段的数据与上一年度同时间段的销售数据（如2022年6月与2021年6月）进行对比分析。同比分析将两个数据放在相同的销售时间条件下，且时

间具有可比性和一致性，虽然消除了产品的季节因素，但是需考虑到市场环境、经济政策等大环境变化的影响，因此同比分析侧重的是反应长期变化趋势。

环比分析是指将某时间段的数据与相邻统计周期的销售数据（如2022年6月与2022年7月）进行对比分析。环比分析将两个数据放在相同的市场条件下，虽然降低了大环境因素的影响，但是数据会随着产品的销售波段发生明显变化，因此环比分析侧重的是反应短期变化趋势。

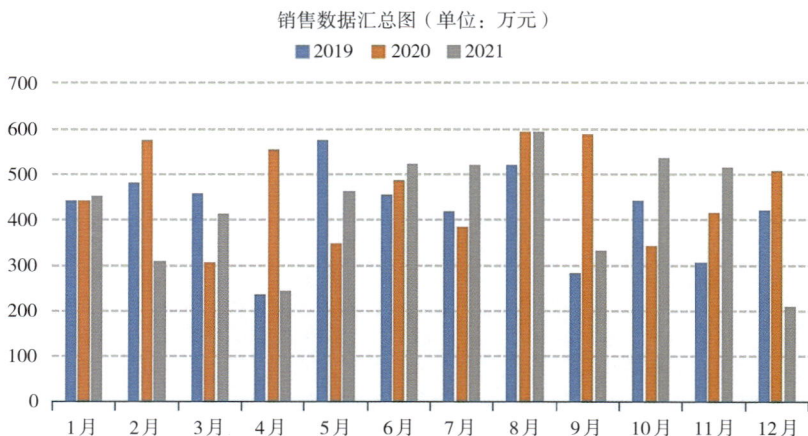

图2-19　某店铺销售数据图

3.竞争对手销售数据对比分析

竞争对手的销售数据分析主要是将本品牌与竞争对手的销售数据，按照时间、地点、品类、单品、顾客贡献等方面进行同项目的对比分析（图2-20），旨在找到本品牌的优势和劣势，并通过分析差异及变化规律找出本质原因，从而为制订针对性营销策略提供数据支持。

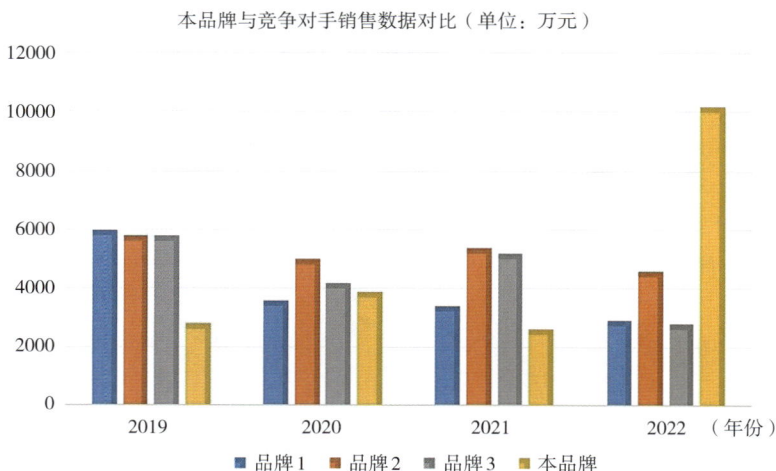

图2-20　某品牌与竞争对手销售数据对比图

服装商品企划

三、流行信息分析

1.流行色彩分析

流行色彩分析指的是将街拍、发布会现场、流行趋势网站等渠道收集的色彩流行趋势信息进行整理和分析，选择适合本品牌风格的主要色彩后录入资源库，以备后期进行产品设计时作为参考（图2-21、图2-22）。确认的色彩需给出对应的潘通色号，避免面料选择及采购时出现偏差。

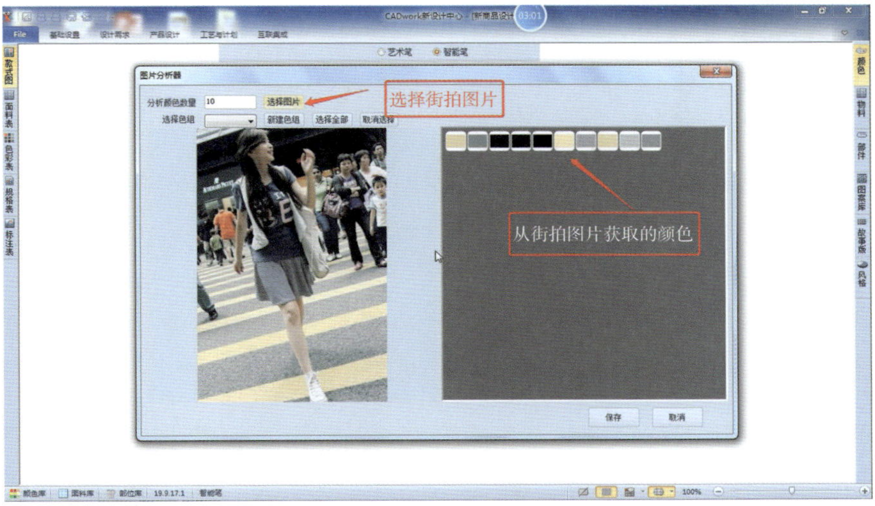

扫二维码
可见操作视频

图2-21　街拍图片的色彩选取

图2-22　色彩流行趋势图片的色彩选取

2.流行面料分析

流行面料分析指的是分析面料流行趋势及对消费者的调查结果等相关信息，确定新一季产品的主要面料及辅料，将面料图片和相关信息录入资源库（图2-23），如面辅料的材质、组织结构、厚度、供应商信息等，以备后续进行产品开发及面料采购参考（图2-24）。

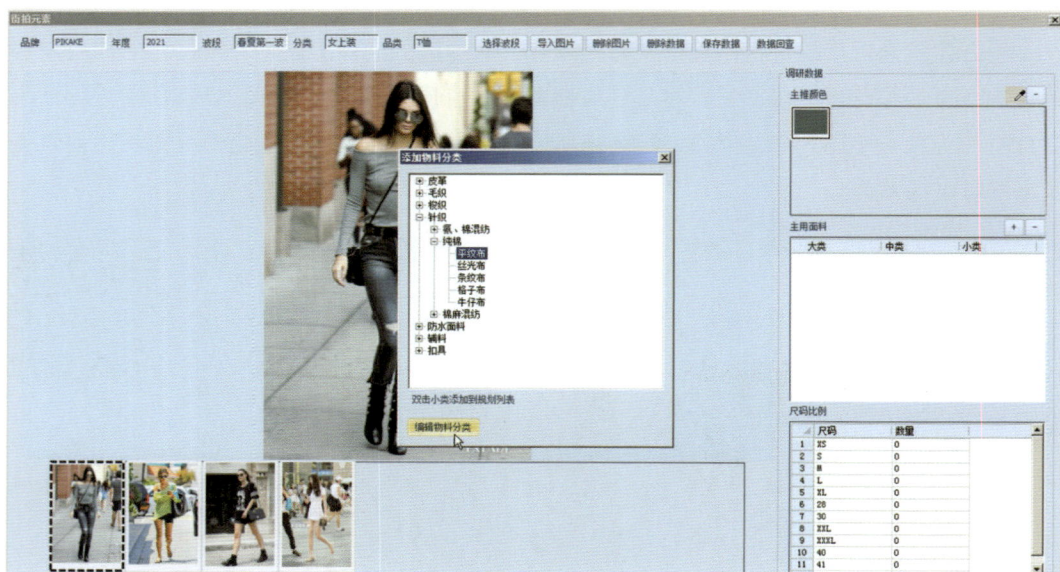

图2-23　街拍图片的面辅料信息选取

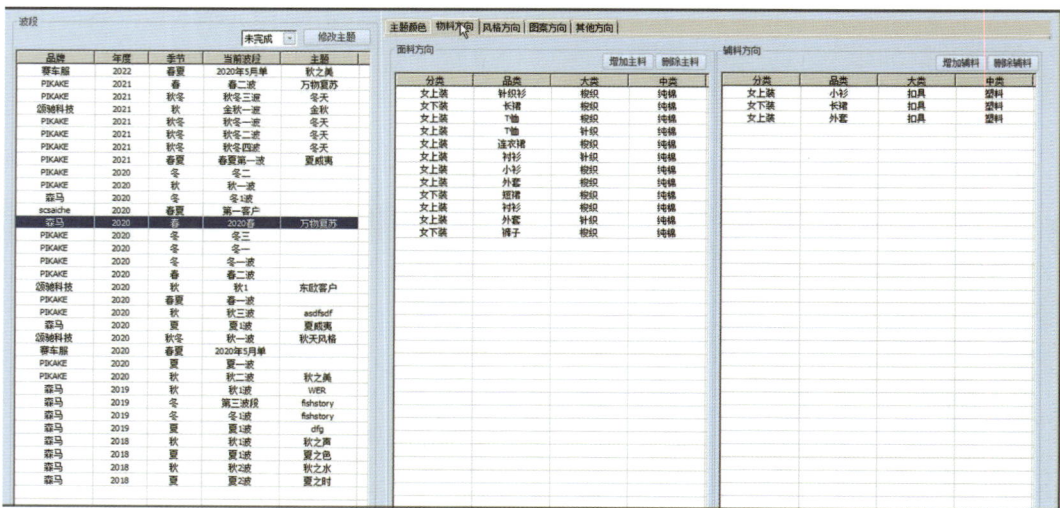

图2-24　面辅料信息的应用

3.流行产品分析

流行产品分析指的是通过分析从街拍、发布会、买手等渠道得到的流行产品的信息，得到关于产品方面的流行信息，如产品品类、产品风格、流行元素、款式细节、板型特点、服饰配件等（图2-25），整理后导入资源库，作为新产品开发的参考。

扫二维码
可见操作视频

图2-25 流行产品信息分析

四、产品分析

产品分析内容主要包括本品牌的主要风格、产品组合情况、主要面辅料、产品价格区间、产品销售情况等，不仅可以了解自身品牌的产品发展现状，还可以了解目标消费者对本产品的接受程度，结合流行趋势、目标客户需求、竞争品牌的产品现状等相关信息，调整产品开发思路和方向，确定新一季的产品开发计划。

1.产品风格分析

产品风格指的是消费者对产品的整体印象，充分体现了消费者对品牌的感觉、期望和认可。产品风格隐含了品牌的艺术内涵和文化内涵，是品牌吸引消费者的关键因素，因此，也是品牌定位和产品设计的重点。通过对本品牌和竞争品牌的产品风格分析，找出消费者的喜好和变化趋势，结合流行趋势、社会环境和市场需求变化，为品牌调整产品风格定位及产品设计提供参考。

2.产品组合分析

产品组合指的是品牌提供给消费者可选择的全部产品的集合，主要包括产品线的宽度、长度、深度和关联性几个要素。产品组合分析主要是通过对产品品类及单品的销售量、利润率、增长率和市场占有率等进行多维度分析，了解本品牌和竞争品牌的产品组合中的优势产品和劣势产品，并结合市场环境变化，确定新一季的产品组合策略，如是否增加、修改或剔除产品类别，是否扩展、填充和删除产品线，哪些产品线需要增设、加强、简化或淘汰等。

3.产品面辅料分析

服装面辅料的材质、厚度、硬挺度、悬垂性、挺扩性等性能及光泽度、色彩、图案等外观效果决定了服装产品的风格，而面辅料的透气性、保暖性、吸湿性等特性决定了服装产品的穿着舒适性，因此，也是消费者选择产品的主要影响因素之一。产品面辅料分析指的是各服装品牌在进行新一季产品开发时，通过对销售数据和消费者调查报告的分析，了解消费者对产品面辅料的喜好情况，结合面料流行趋势确定本季度产品的主打面料，搭配适合的辅料，并根据确定的面辅料进行款式设计、结构设计和工艺设计。

4.产品色彩分析

产品系列的色彩组合不仅可以彰显品牌的设计风格，也是吸引消费者的重要因素。色彩是消费者对品牌产品的第一印象，不同的色相、明度、纯度及其组合搭配可以带给消费者不同的视觉感受和穿着效果。消费者对色彩的喜欢往往受到年龄、性别、职业、经历、文化程度、艺术修养等多方面因素的综合影响。产品色彩分析指的是品牌通过对以往的销售数据和消费者个性分析，得到消费者对本品牌和竞争品牌产品色彩组合的喜好情况，结合品牌主题风格和色彩流行趋势，确定新一季的主打色系和附属色系。

5.产品款式分析

服装产品的款式主要以外部造型为主体加上细节设计，优美的廓型、精准的尺寸设置、恰到好处的结构细节，可以突出身材优势、修饰体型、提升视觉美感，因此也是消费者选择品牌的主要因素。产品款式分析指的是通过分析消费者喜爱的产品品类、廓型及款式细节等，了解目标消费者的体型特征和款式偏好，结合品牌风格和流行趋势，设计符合消费者需求的产品。

PART

3

第三章

商品企划方案设计

商品企划部门根据前期收集的服装流行信息、品牌市场信息、生产信息及销售信息等，经过整理和分析后作为新一季商品企划的依据，初步设计商品企划单，并与产品设计、市场营销、生产及采购等部门共同讨论企划方案的合理性和可行性，找出存在的问题和修改意见，确定最终的企划方案。

　　商品企划方案的主要内容包括产品主题、波段计划、产品结构、销售计划等，方案确定后设计部门开始进行产品款式设计，工程部门开始进行结构和工艺设计，采购部门开始制订采购计划，生产部门开始制订生产计划，销售部门开始制订销售计划和销售策略。本章节以CADwork新设计中心软件为例，介绍商品企划方案的主要内容和设计方法。

第一节　主题企划

　　商品企划方案中的主题一般是指贯穿产品开发及销售过程的核心思想，通常以能够引发联想的文字、图片和实物等形式呈现。主题不仅可以显示品牌产品的设计理念和风格，还可以暗示产品的品类、消费群体、上市波段等。

　　每一季商品企划开始之初，各品牌都会根据品牌风格、流行趋势和市场需求等因素，确定新的产品设计主题，明确产品开发的主体思路，并将思路贯穿到产品设计、生产、推广和营销等整个过程。新设计中心系统中主题管理模块的主要功能就是对所有主题进行编辑和管理（图3-1），主要包括主题名称、主题说明、故事板、色彩规划、面辅料规划等。

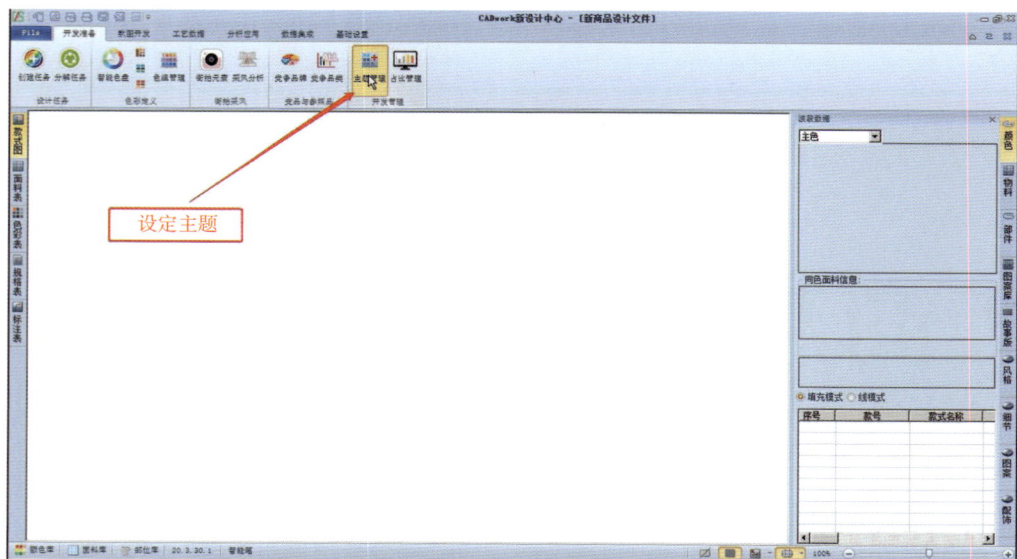

设定主题

图3-1　主题管理

服装商品企划

一、确定主题

1.主题名称

品牌可以从当季的流行资讯、社会热点、文化现象、风土人情、生活方式、自然生态及对未来的期望等方面寻找和挖掘具有代表意义的、能够引人注目、可以启发思考的且能体现品牌形象的词组作为主题名称。主题名称不能选择具有敏感性的、违反法律法规的、消极负面的、引发消费者不良反应的词汇。

每一季或每一个波段的主题都可能是不一样的，因此，在确定每一波段的主题名称之后，需要对主题进行记录和管理，点开新设计中心系统的"主题管理"模块后选择某一个波段，在"波段主题"弹窗中录入或修改当前波段的主题名称（图3-2）。

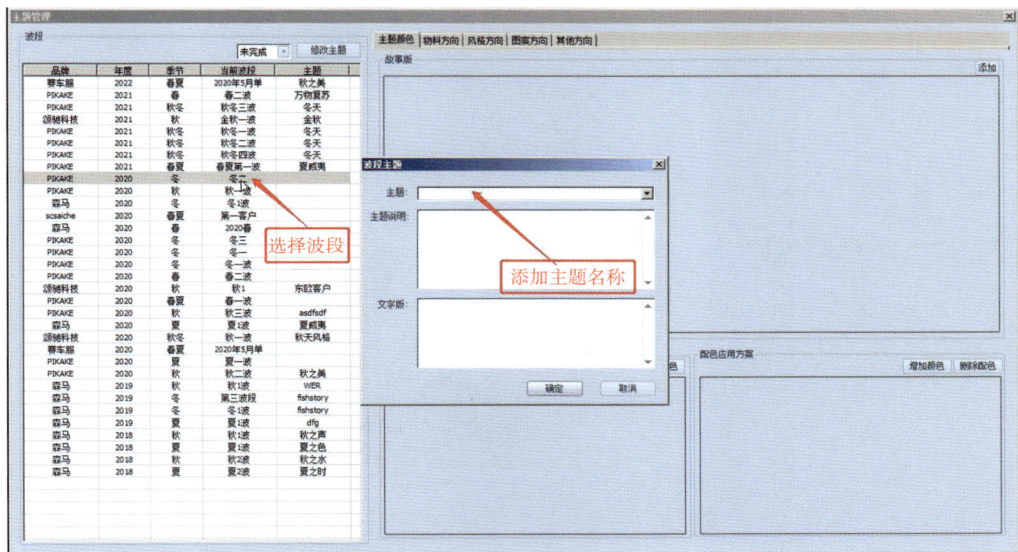

图3-2　录入主题名称

2.主题说明

主题说明是对主题名称的详细解释，主要通过文字对主题名称所蕴含和表达的思想进行更深入、更详细的阐述，可以让抽象的、虚幻的，甚至是晦涩难懂的主题名称更容易被理解，在后续进行产品设计、制订销售策略时思路更加明确。在"波段主题"弹窗中录入主题名称后即可填入主题说明（图3-3）。

3.故事板

故事板是用图片形式对主题进行进一步的阐释，通过图片上的色彩、图案、情节、场景、文字等内容展示主题的灵感来源，解释主题名称所表达的含义，帮助设计师明确设计风格和设计思路。故事板还可以用于制作产品宣传册和海报，让消费者从视觉上直观感受主题风格，更容易理解品牌和产品的设计理念。

在新设计中心系统中设置好主题之后，可在同界面右侧的"主题颜色"区域进行故事板的添加和修改，点击"添加"按钮，选择预定的图片（图3-4）。

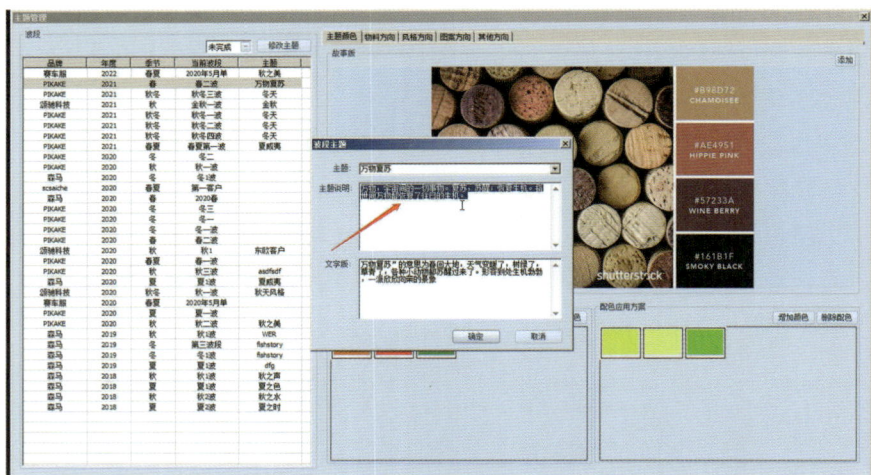

图3-3　录入主题说明

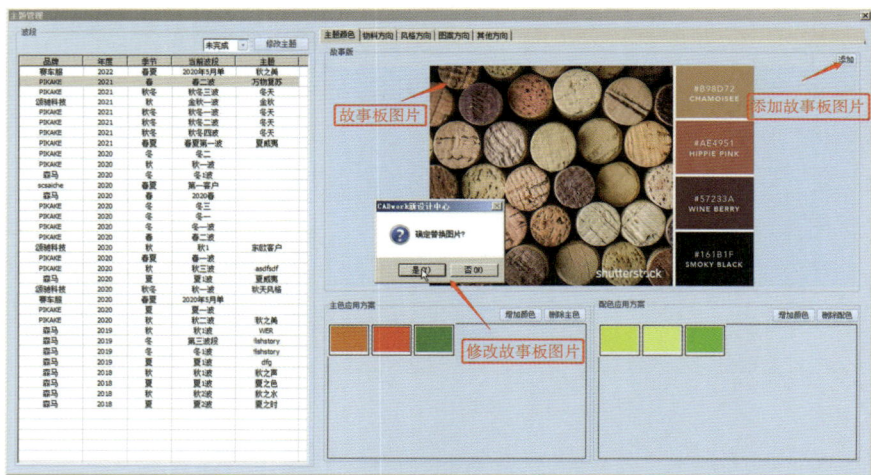

扫二维码
可见操作视频

图3-4　制作主题故事板

二、确定主题色彩及搭配

主题色彩是指能够表达主题概念的色彩组合，从视觉感官上进一步阐述主题含义。主题色彩一般包括主色色组和配色色组，设计师围绕主题色彩产品进行色彩搭配设计、选择面辅料和相关配料。

新设计中心系统中的主题色彩方案编辑在"故事板"区域下面的"主色应用方案"和"配色应用方案"两个区域，点击"增加颜色"按钮，在弹框中选择色组、选择颜色后点击

服装商品企划

"增加主色"或"增加配色"按钮，完成色彩添加工作（图3-5）。

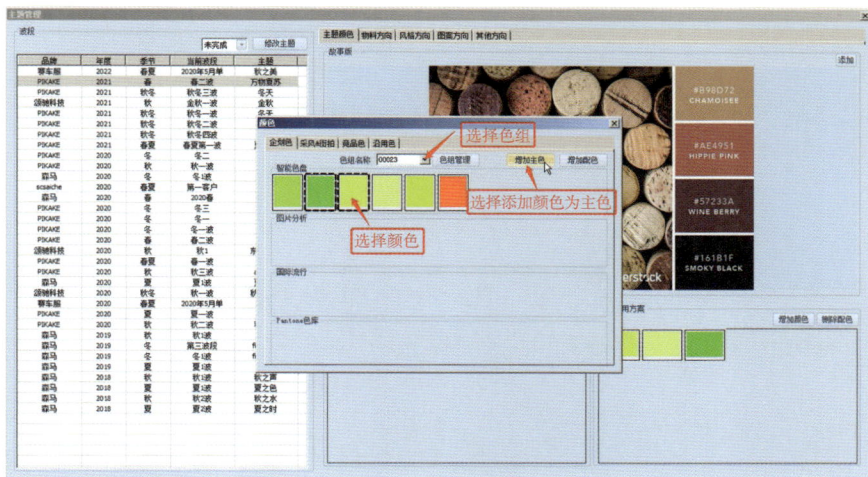

扫二维码
可见操作视频

图3-5　编辑主题色彩

三、规划面辅料

主题色彩确定之后即可确定面辅料的选择方案，按层次选择各品类产品的面料及辅料的类别。通过面辅料选择方案，可以进一步明确产品设计风格和方向，设计师可根据面料的硬挺度、悬垂性、挺阔性等特性进行造型及款式细节设计，工程部门则需要根据面料的厚度、组织结构、脱散性、弹性等性能，选择合适的结构细节、尺寸设置及工艺缝制方法。

在新设计中心系统中完成主题颜色设置之后，点击"物料方向"按钮，弹出面料及辅料界面，点击选择款式分类后，按顺序在大类、中类和小类中选择合适的面辅料，确定完成面辅料规划（图3-6、图3-7）。

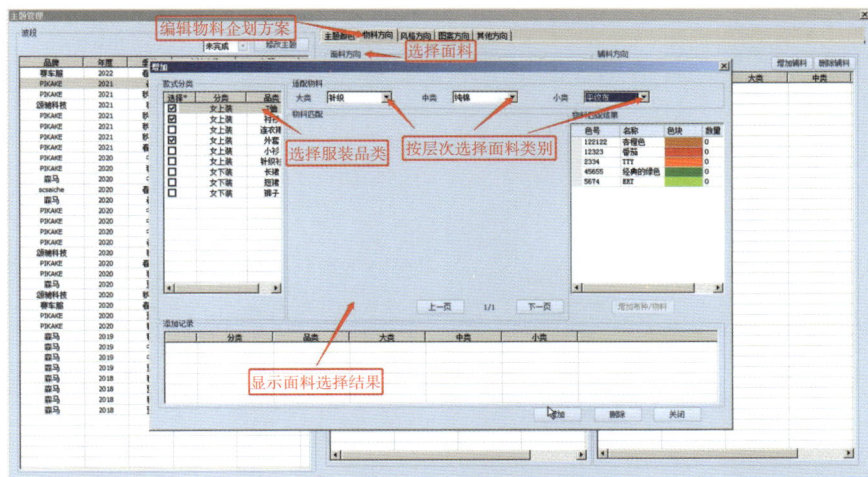

扫二维码
可见操作视频

图3-6　选择面料

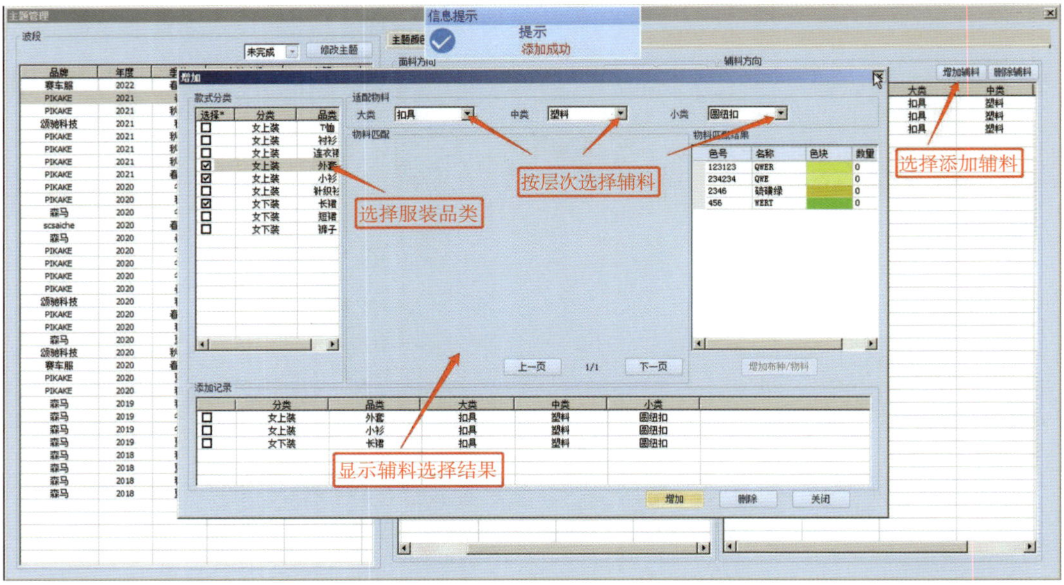

图3-7 选择辅料

　　主题管理内容除主题名称、主题说明、故事板、色彩及搭配和面辅料之外，还可以添加主题风格、图案等参考资料（图3-8），用于辅助和帮助设计师进行产品开发，提高产品设计的准确性。

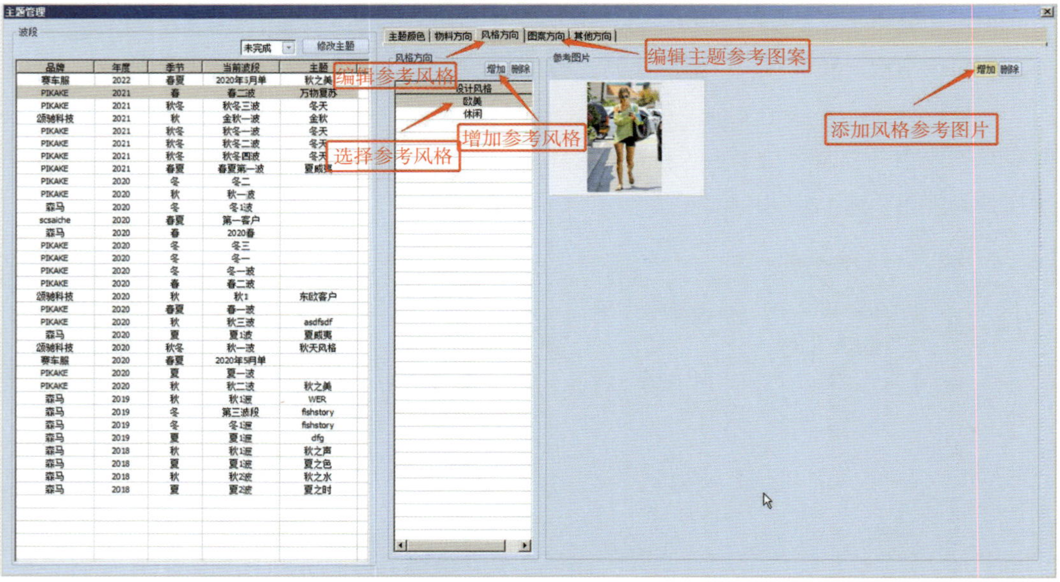

图3-8 编辑主题参考资料

第二节　时间企划

产品上市销售之前需要经过款式设计、样衣试制、大货生产等过程，任何一个环节出现失误或延迟，均会推迟产品上市，错过最佳销售时间，将会影响品牌利润，因此，时间企划是服装商品企划中不可缺少的一项内容。企划部门需要根据品牌产品品类、产品生命周期、销售分析报告等信息，确定各类产品上市时间，结合各环节的工作时长，确定各个环节的开始时间，以确保各类产品能够顺利完成并及时进入销售环节。时间企划可以作为监督进度、控制时间和安排工作的依据。

一、划分波段

波段指的是产品上市销售的时间划分。服装品牌可以按照季节划分新产品的上市波段。在季节更替明显的北方，可分为春、夏、秋、冬四个波段；而在季节更替不明显的南方，可分为春夏和秋冬两个波段，因此品牌可根据销售市场的地理位置并结合当地的气候特点划分波段。按季节划分波段之后，还可以按照节日，如端午节、国庆节、圣诞节等销售高峰期再将波段细化，如春一波、夏二波、秋三波等。但是，如内衣、袜子这类没有明显季节性销售高峰的产品可以不进行波段划分，只针对销售主题设置时间节点即可。对于多品牌运作的公司或加工厂，还需针对不同品牌或客户的需求进行波段设置。

新设计中心系统中的波段设置在"创建任务"模块，点击"创建任务"按钮，在弹窗中"波段基础"区域点击"增加"，弹出"添加波段"对话框，选择和添加品牌（客户）、选择波段和年份的操作，完成波段创建，还可以在"时间规划"区域设置波段的起止时间（图3-9）。

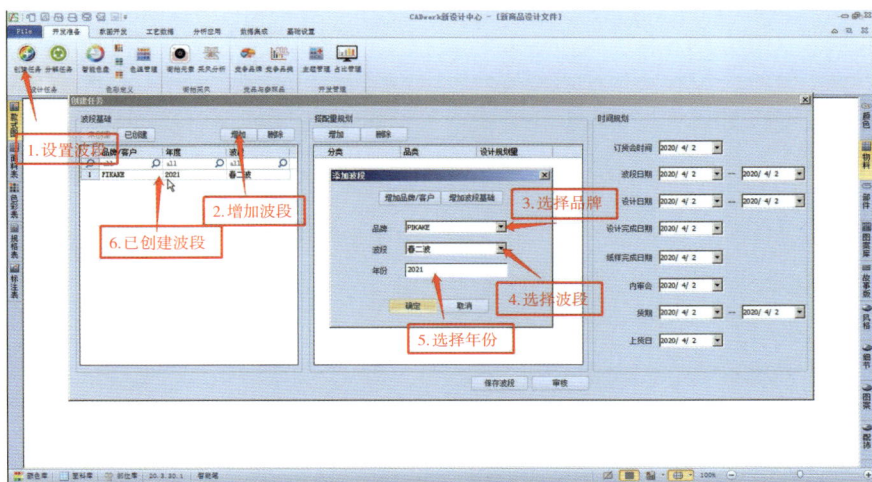

扫二维码
可见操作视频

图3-9　创建波段

二、确定产品上货时间

各波段的起止时间确定之后，则需确定该波段产品的上货（上新）时间，该时间是各波段产品完成生产并投入销售环节的最后期限，也是确定产品生产节点时间的依据。各部门需在此时间之前，完成产品的设计、生产及营销策划等相关工作，以保证本波段产品销售的顺利进行。新设计中心系统中上货（上新）时间的设置在"时间规划"区域的底部（图3-9）。

三、确定订货会时间

对于采用分销、加盟、联营等多种运营模式的品牌，一般会通过召开订货会的形式，向经销商、加盟商、直营商、联营商等合作伙伴现场展示新一季的产品，解释产品设计风格和款式特点，让订货商直观感受新产品的款式、质量和卖点，吸引订货商进行订货，然后才能根据订货量，确定投入生产的产品款式及产量。

规模较大的品牌可以每个季度举办一次订货会，时间一般会提前一个季度到半年左右。在订货会召开之前，品牌要完成款式设计、款式选择、样衣试制等准备工作，因此，在商品企划方案中，必须先确定召开订货会的时间，再逆向推出产品开发流程各环节的时间，以确保订货会的顺利召开。

在新设计中心系统中创建了波段之后，在"时间规划"区域编辑对应波段的订货会时间，点击"订货会时间"的下三角按钮，选择日期即可确定订货会时间（图3-10）。

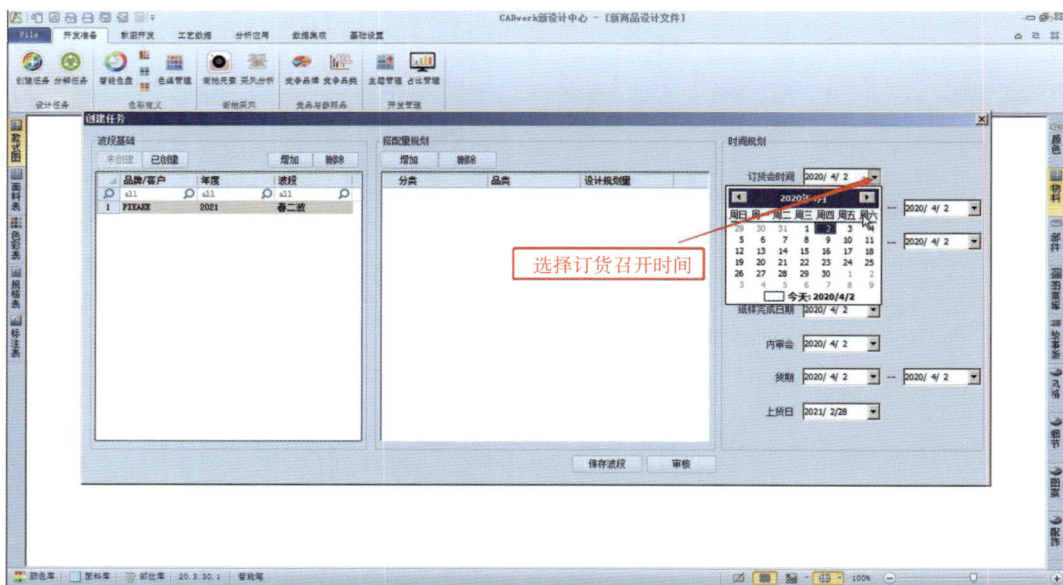

图3-10　确定订货会时间

服装商品企划

四、确定产品生产时间节点

从各波段的主题确定，到产品上货中间需要经过产品设计、款式审核、样衣试制、确定产量、大货生产等诸多环节，各个环节的参与人员要保证在相应的时间节点之前完成相关工作，以确保产品能够按时进入销售环节。

在制订各环节的时间之前，需准确评估各环节的工作量及工作时长，采用逆向排程法以上货日为起点，倒推出各环节的开工时间。新设计中心系统中的时间节点设置在"时间规划"区域，录入相应日期后，点击"保持波段"（图3-11）。

五、产品时间规划

确定各生产时间节点之后，设计部、技术部、生产部、采购部等部门需要审核时间规划的准确性和合理性，综合考虑本部门的实际情况，确保自己部门能够在规定的时间内完成相应工作内容。各部门经过协商和调整之后，确认最终的时间安排，完成整体时间规划，各部门将严格按照该时间节点规划开展工作。

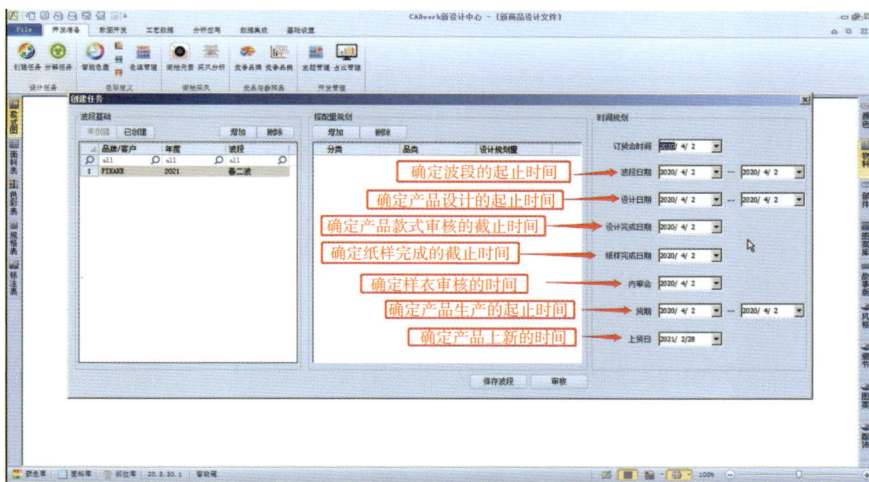

扫二维码
可见操作视频

图3-11　产品时间规划

第三节　销售目标企划

在制订产品设计和生产计划之前，品牌需根据市场情况及品牌以往的销售情况，预估本年度或本季度的销售目标，如预计增加多少客户、销售多少产品、获取多少盈利等。这些目标是指导各部门制订各自工作计划的依据，各部门需围绕这些目标开展产品的设计、生产和营销活动，以销定款、以销定产。

一、目标市场计划

通过目标市场分析可以了解品牌目前各店铺的销售状况、竞争对手的发展情况以及目标客户的产品需求等，结合品牌的发展目标，制订新一季的目标市场计划，如是否增加或减少店铺数量，是否调整产品品类，是否调整销售策略，等等。

1.销售渠道

根据现有销售渠道以往的销售表现，品牌需对现有的销售渠道进行综合对比分析，掌握各销售渠道的盈利情况，并通过调查和分析，了解产品销售市场和销售模式的变化情况以及未来的发展趋势，结合本品牌的发展目标，确定新一季产品的销售渠道调整计划，如是否维持原有的销售渠道，是否开启线上销售模式，是否关停某个或多个销售渠道等。

2.店铺类型、位置及数量

根据品牌上一季所有店铺销售和盈利情况的对比分析，了解各店铺的销售表现，结合品牌发展目标，确定新一季的店铺类型、位置和数量的调整计划。如果要缩减店铺数量，则需确定关停哪些位置的店铺；如果要开设新店，则需确定开设哪种类型的店铺、新开多少间、开在哪里等。

3.目标消费人群定位

随着品牌现有客户的年龄、身份和收入等的变化，其消费习惯也会发生改变，品牌的产品风格可能已经不再适合这些消费者，而新一代成长起来的消费者又有不同的消费习惯，因此品牌需要思考和调整目标消费人群定位。如果品牌想要维持原有客户，则需了解其消费习惯变化情况和趋势，在保持品牌风格的基础上调整产品品类及款式设计。如果品牌想要开发新的目标客户，则需调查新目标客户的消费习惯和喜好，结合消费市场变化情况和品牌发展目标进行产品设计。如果品牌既想维持原有客户又想开发新客户，则需考虑原有品牌风格和新的产品风格之间如何协调共生，也可以在原有品牌基础上增加新的品牌（或子品牌），采取多风格、多品牌经营模式，以满足不同目标消费人群的需求。

二、盈利目标计划

品牌通过销售数据分析掌握牌目前的盈利情况，如利润总额、利润增额、利润比以及各品类、各产品的利润额及利润率，区分盈利高、盈利低和不盈利的产品品类及款式。品牌可根据这些信息，结合市场现状和品牌发展目标确定新一季的盈利目标，并作为调整新产品开发品类、款式数量的依据。

1.销售额

销售额指的是在一定时间内，品牌通过向消费者销售产品或提供服务而获取的以货币形式表现的销售收入，是衡量一个品牌经营情况的重要标准之一。销售额的变化情况也能反映出品牌的发展现状和潜力，因此各品牌都将如何提升销售额作为一项重要的工作任务，各部门努力通过提升产品或服务质量、制订有效的市场营销手段、不断优化经营管理等方法，确保品牌取得长期的竞争优势和稳定的销售额增长。

目标销售额的确定可根据以往的销售数据，分析得到各品类产品的销售额和变化趋势，并以此为依据确定新一季是否维持、提升或者缩减现有销售额，以及提升或缩减的具体额度，作为各部门和各环节制订工作计划的依据。

2.利润额

利润额一般指品牌销售产品所获得的最终收入，是销售额扣减产品设计、生产、销售、运营等各种成本之后的收入。利润额又分为利润总额和净利润，利润总额指的是品牌销售收入减掉各种成本后的总收入，净利润指的是品牌缴纳各种税费之后的净收入。品牌在制订新一季产品销售目标利润时，需明确利润总额、净利润以及提升的额度等内容。

利润额是衡量品牌盈利能力和发展能力的重要指标之一，并非销售额增长就一定能带来利润额的增长，如果销售额增长而利润额没有增长，则说明品牌经营运作过程出现了问题。当品牌能够做好成本管理工作，将各项成本控制在较低且合理的水平时，即使不增加销售额，也可以提升利润额，因此，利润额度计划完成情况也是品牌进行新一季成本管理和绩效考核的依据。

三、销售量计划

销售额计算方法为"销售量 × 平均销售价格"，因此，销售额的多少与卖出去的产品数量以及单件产品的销售价格有直接关系。产品的销售价格往往由市场决定，品牌可根据市场变化情况以及目标客户的消费水平，制订新一季产品的销售价格和降价策略。而产品的销售量则需要根据店铺销售数据及库存情况，得知以往同期产品各品类和各款式实际销售量，了解消费者对品牌产品的接受程度和变化趋势，并结合市场情况和品牌发展目标，明确新一季产品各品类及各款式的具体销售量目标。

销售量计划不仅是销售部门的工作目标，也是生产部门的生产目标，因此，品牌在新一季的产品开发前确定各品类和各款式的产量，避免出现因产量不合适而无货可卖或库存积压等问题出现。

第四节　产品结构企划

产品结构企划主要是规划各波段所要开发哪些产品和款式，确定产品开发的品类构成、款式数量、规格比例等，用以指导设计部、工程部及生产部等部门开展具体的产品设计及样衣试制工作。

一、产品品类规划

根据前期的产品组合分析结果，企划部门对原有产品品类进行讨论，如哪些产品类别需要保留、增加或剔除，哪些产品线需要维持、扩展或简化，最终确定新一季各波段的产品品类规划。

新设计中心系统中的产品品类规划在"创建任务"模块，在"搭配量规划"区域点击"增加"按钮，在弹框中"双击"要选择的产品品类，即可完成规划（图3-12），随后设计部门则根据此规划开展相应的产品设计工作。

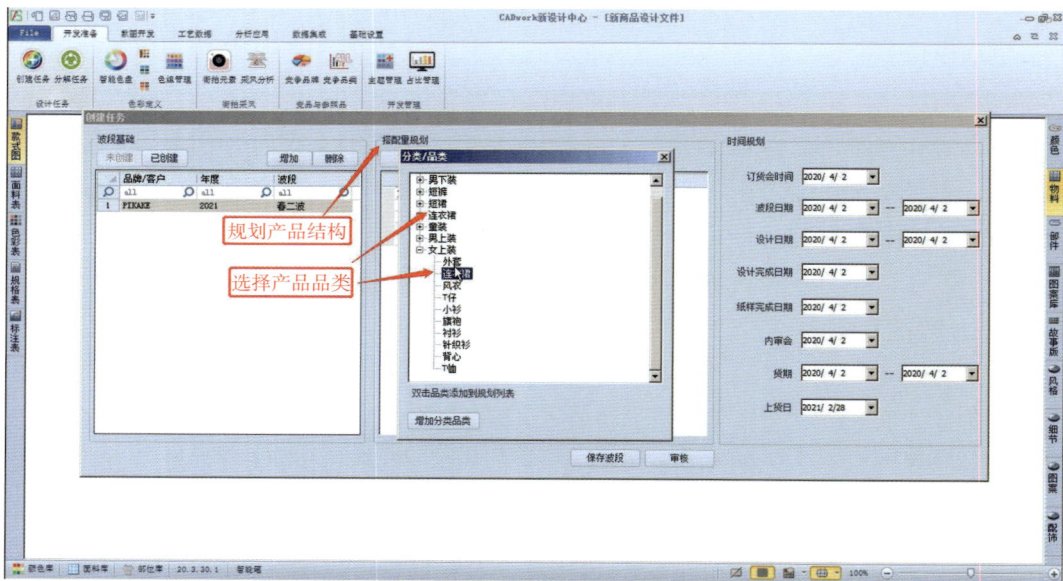

图3-12　规划产品结构

二、款式数量规划

品牌产品按照流行程度一般可分为基本款、潮流款、形象款和经典款。

1.基本款

基本款指的是不受流行趋势和品牌风格等因素影响、品牌之间款式差异不大的、大多数消费者均可选择的、易于搭配其他服装的产品，如白T、小白鞋、打底裤等。

2.潮流款

潮流款指的是紧跟流行趋势、融合最新的流行元素的产品。潮流款具有很强的时尚感，但也更容易过时。

3.形象款

形象款指的是具有明显的品牌风格的、能够展示品牌设计理念的、设计感和艺术性较突出的产品。形象款可以吸引对品牌认知度和时尚敏感度较高的消费者，有助于提升品牌价值。

4.经典款

经典款指的是受流行趋势影响较小的、符合社会意识和大众审美的、经过时间验证而经久不衰的、款式造型较为固定的产品，如风衣、平驳领西装等。各品牌的经典款设计一般会根据时代变化、材料创新和产品定价等因素做一些细节的调整和修改，但产品风格差异不大。

各类款式占比因品牌定位、产品品类、季节波段、销售及盈利情况等因素有所不同。例如，男装一般经典款占比约50%，形象款占比约10%；而女装则潮流款占比约50%，经典款占比约30%。品牌做产品结构企划前，可根据对同期产品销售数据的分析，得到各品类及款式的销售量和盈利情况，参考品牌发展思路，确定新一季产品开发的款式占比和数量，设计师将以此为依据进行款式设计。新设计中心系统中在确定产品品类之后，即可在同页面里录入各品类的款式设计数量（图3-13）。

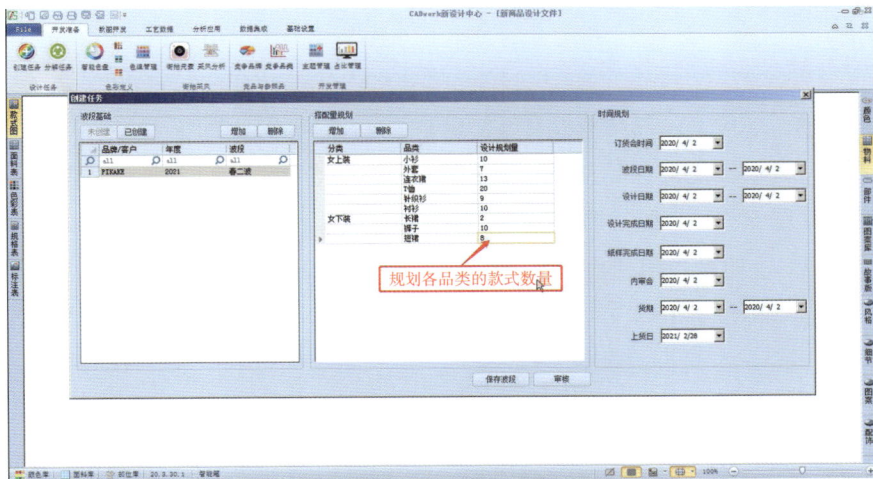

扫二维码
可见操作视频

图3-13 规划产品款式数量

三、款式号型规划

1.号型数量规划

款式号型是指导绘制成衣纸样的基础数据，制板师根据号型设置，可以推算出绘制成衣纸样所需要的所有数据。款式号型也是服装设计、生产和销售的重要数据之一，使用统一的规格，不仅可以进行规范化生产，还可以方便消费者选购，提高顾客满意度。虽然我国有统一的国家服装号型标准，如女子身高从145~175cm，并分为Y、A、B、C四种体型，按照身高增加胸围和臀围也增加的规律设置号型系列，以"号/型+体型代码"的形式体现（如女装"160/84A"），但是品牌在制订款式规格时，需考虑品牌设计风格、目标消费群体的性别、年龄、体型特征、产品品类、款式细节及各规格产品的销售量等因素，可自行选择适合的规格数量和号型范围，如某品牌目标消费群为身高偏高、身材较好的年轻女性，可以选择款式规格为155/80、160/84、165/88、170/92、175/96、180/100的Y或A体型（表3-1）。

表3-1　某品牌连衣裙号型规划　　　　　　　单位：cm

体型	部位	号型					
		155/80	160/84	165/88	170/92	175/96	180/100
Y体型	胸围	80	84	88	92	96	100
	腰围	60	64	68	72	76	80
	臀围	86.4	90	93.6	97.2	100.8	104.4
A体型	胸围	80	84	88	92	96	100
	腰围	64	68	72	76	80	84
	臀围	86.4	90	93.6	97.2	100.8	104.4

不同品类及产品的合体度、内部结构以及纸样绘制方法不同，号型配置方法也有所差异，如衬衫、连衣裙等外衣类的号型配置可以按照国家号型标准设置，而文胸、泳装等合体度较高的产品则需要更细致的号型分类，如文胸产品的号型是以下胸围为"号"，以胸围和下胸围的差值为"型"，如果当胸围和下胸围的增加量一样，虽然"号"增加了，但是"型"没有变化，因此，文胸产品的号型配置是以"号"和"型"分别进行配置的方法设置号型系列（表3-2、表3-3）。

表3-2　75下胸围文胸号型配置设计表　　　　　　　单位：cm

罩杯	AA	A	B	C	D	E
胸围尺寸	82.5（±2.5）	85（±2.5）	87.5（±2.5）	90（±2.5）	92.5（±2.5）	95（±2.5）

表3-3　A罩杯文胸号型配置设计表　　　　　　　单位：cm

胸围	75	80	85	90	95	100
下胸围尺寸	65（±2.5）	70（±2.5）	75（±2.5）	80（±2.5）	85（±2.5）	90（±2.5）

2.号型比例规划

根据体型分布规律及销售记录来看，中等身高的消费者居多，偏高和偏矮的消费者较少，且有些款式更适合高一点的人群，而有些款式更适合矮一点的人群，因此，不同款式、不同号型产品的生产量会有所差别。一般中间尺码产品的产量的占比较大，大尺码和小尺码产品的产量比例逐渐减小，品牌在确定各款式规格时同时确定各规格的产品生产比例（表3-4）。

表3-4　某品牌连衣裙号型产量比例规划

比例	号型及比例					
	155/80	160/84	165/88	170/92	175/96	180/100
Y体型	1	2	3	3	2	1
A体型	1	3	4	3	2	1

款式规格规划方案制订之后，产品生产过程将以此为依据，进行具体款式的结构设计、成衣纸样放码、用料计算、裁剪分配方案制订、成衣工艺设计和检验标准制订等相关工作。

PART

4

第四章

产品设计企划

企划方案确定之后，接下来的工作就是进行产品设计，主要内容包括产品的款式设计、成衣纸样设计、样衣试制及成本预算等一系列与产品设计和生产相关的工作。作为商品企划过程中的关键环节，产品设计过程需要所有工作人员相互配合，按时完成款式设计、样衣制作、成衣纸样设计等相关工作，为生产过程提供必需的数据和资料，确保服装产品能够顺利进入生产环节。

第一节　产品款式设计

在确定了新一季的主题、时间安排和产品结构之后，设计部门设计师的专长、能力及现有工作量等相关因素分配款式设计任务。设计师在接到分配的工作任务之后，根据设定好的主题、色彩、面料及产品品类、款式数量等要求进行具体的款式设计，绘制款式效果图。

一、款式设计任务安排

进行任务安排时需根据以往的设计任务完成情况了解设计师的个人能力及设计风格，结合相应款式的销售情况，合理分配款式数量，提高任务安排的合理性和准确性，确保设计师能够按时、按质、按量地完成相应的设计任务。

新设计中心系统中在"分解任务"模块进行设计任务的安排。打开"分解任务"模块，在弹窗中的"波段任务"区域选择波段，之后在"品类搭配量"区域选择品类，在"设计安排"区域选择设计师并添加任务量。在确定品类的规划量全部分配给相应的设计师之后保存分配结果，点击"发布"按钮，将分配结果发布出去（图4-1）。

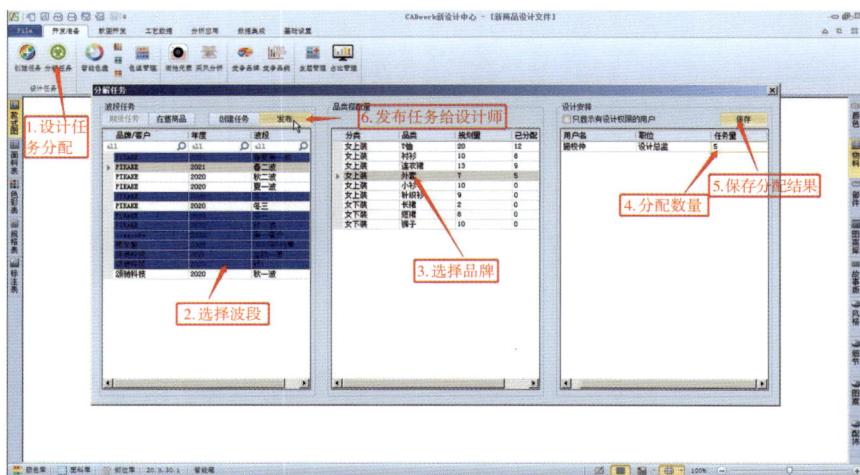

图4-1　设计任务分配

设计师登录自己的账号，即可在系统中查询到相应的设计任务安排，点击"设计文件管理"模块，在弹窗中可以看到设计任务的详细内容及相关要求（图4-2）。

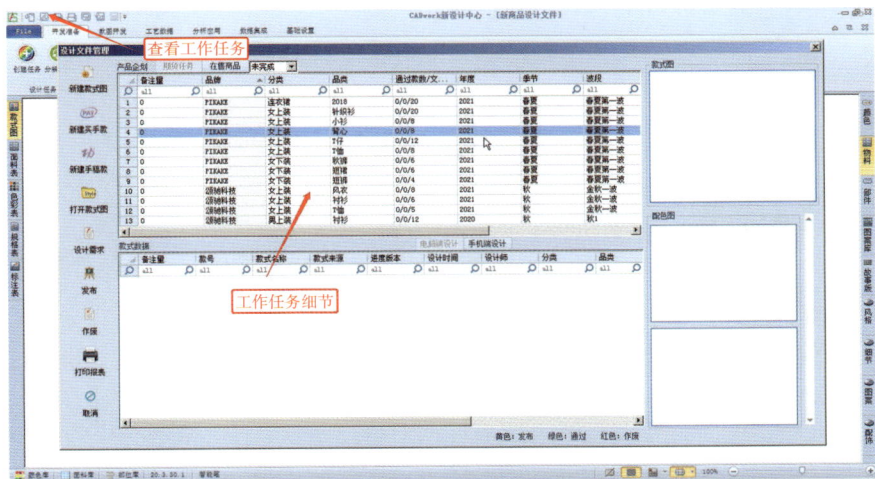

扫二维码
可见操作视频

图4-2　查看工作任务

二、风格选择

服装设计风格的流行反映出一个时代的特色、一个社会的面貌以及当代人的精神文明、文化素养的现状，一个品牌在产品设计过程中选择的服装风格也展示了该品牌的价值取向、艺术特点和文化内涵。每种服装风格都有一定的历史渊源和文化渊源，适合不同的年龄、职业、个人喜好及穿着场合，展现出不同的个性魅力，因此也是吸引消费者的主要因素之一。

服装风格随着时代的变化形成了许多不同的类别，如按地域可分为中国风、英伦风、韩风、日系风、欧美风、波西米亚风等；按穿着场合可分为休闲风、运动风、通勤风、OL/商务风、学院风、街头风、简约风及百搭风等；按历史时期可分为哥特风、巴洛克风、洛可可风等；按视觉感受可分为甜美风、清新风、田园风、森系风、复古风和民族风等；按穿着效果可分为淑女风、名媛风、中性风、洛丽塔风以及瑞丽风等。另外，还有从其他艺术形式产生的风格如嘻哈风、朋克风、嬉皮风等。

设计师需要通过造型、色彩、面料、款式细节及服饰配件的设计体现不同风格的特点。每个设计师均有擅长的设计风格，因此在产品主题企划方案确定之后，需根据产品设计风格安排设计任务，将不同的产品风格分配给适合的设计师，最大程度地发挥设计师的专业能力。

新设计系统中的产品设计模块里预设了产品风格库，将品牌常用的设计风格记录在库中，设计师可以在库中选择对应的风格，在款式设计、色彩及面料的运用以及配饰的选择等方面达成统一（图4-3）。

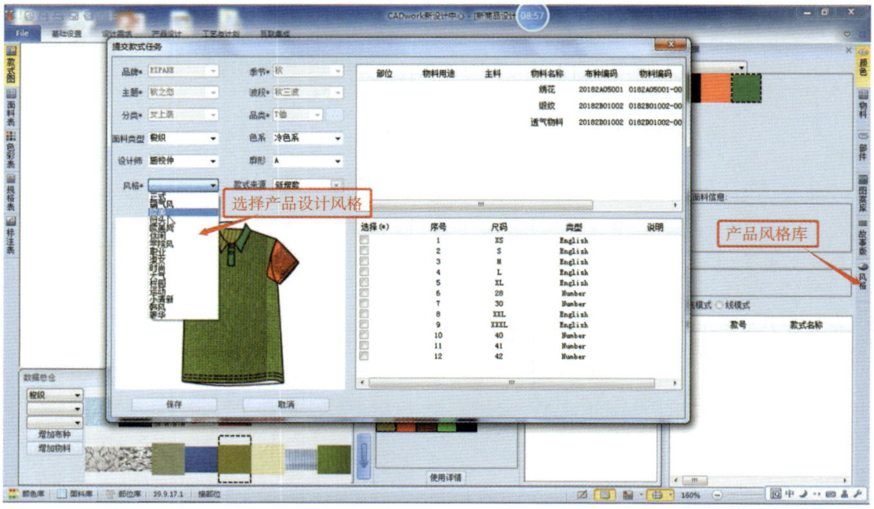

图4-3　产品设计风格设定

三、色彩选择

设计师在开始一个波段的产品系列设计之前，往往先确定色彩的规划，从色盘、潘通色、流行色、主题故事板图片等来源中选择色彩及组合，并以此为基础进行面料及款式设计。新设计中心系统中的色彩相关的操作在"色彩定义"模块，设计师可以通过"智能色盘""图片分析器""流行色""PANTONE色""色彩管理"等几个功能完成产品设计的色彩选择。

1.智能色盘

"智能色盘"功能为设计师提供了色环配色、色调配色、色彩过渡配色、色彩数量配色和色彩方案配色等几种方式（图4-4），让色彩选择工作变得更加简单和直观。设计师可以根据不同需求和习惯进行操作，选择合适的主题色彩及相关色彩的组合。

不同的配色方式中选择色彩的方法略有差别，显示出来的色彩组合也会不同。

（1）色环配色。通过选择"色度"对话框选择选色方式同时选择多个颜色，如"直角三角形""正方形""六边形"等，如图4-4所示为"直角三角形"方式下的选色结果，设计师可以通过在色环上点击色彩，系统会自动给出对应的色彩组合。

（2）色调配色。点击某个颜色后，界面中部显示跟该颜色相关的不同色调的色彩，如较深、较浅、较冷、较暖等，如图4-4所示为土黄色的不同色调的色彩组合。

（3）色彩过渡配色。点击某个颜色后，界面中部显示该颜色从明过渡到暗的所有颜色，如图4-4所示为玫红色按照明度变化的所有颜色。

（4）色彩数量配色。点击某个颜色后，在界面上方选择配色数量，2色搭配、3色搭配、4色搭配和5色搭配，界面中部会显示出不同的色彩组合，如图4-4所示的是系统给出的5

服装商品企划

色搭配的色彩组合。

（5）色彩方案配色。系统提供如同类色、互补色、近似色、灰度等多种搭配方案，点击某个颜色后，界面中部显示当前色彩方案中的所有颜色，如图4-4所示为同类色方案下的红色的色彩组合。

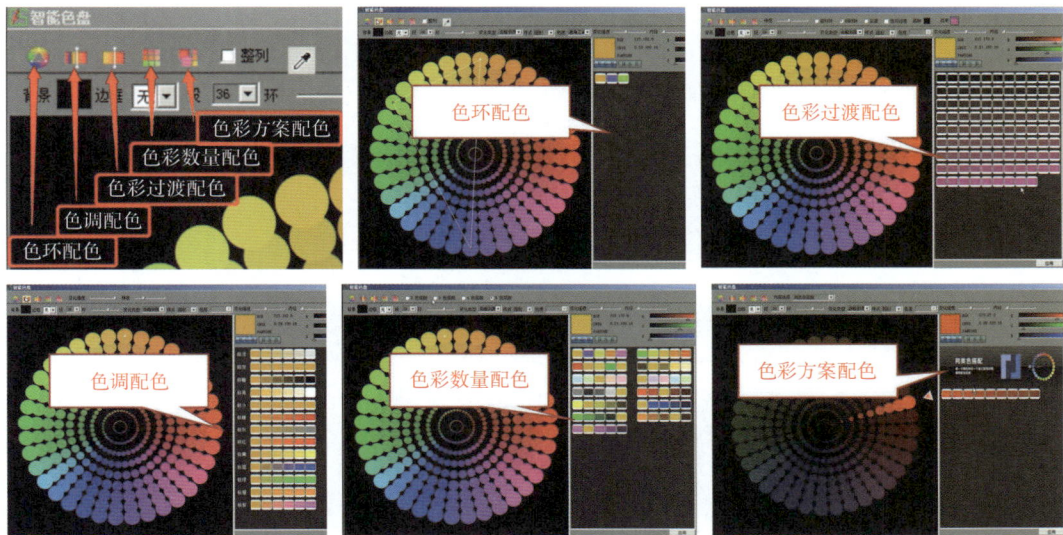

图4-4　智能色盘的配色方式

在"智能色盘"模块的界面进行色彩选择，首先选择配色方式，在界面上方的参数栏中可以选择色环显示的方式，如色环数量、色彩显示方式、色环形状，还可以调节色彩变化强度等。设计师可以在界面显示的色环里按照不同方式进行色彩选择，作为主色显示在界面中部，界面右边则显示与主色相关的如对比色、相邻色、同类色、不同纯度等色彩，设计师可在建立当前波段的色组后，将选择的主色及相关色彩保存到色组当中（图4-5）。

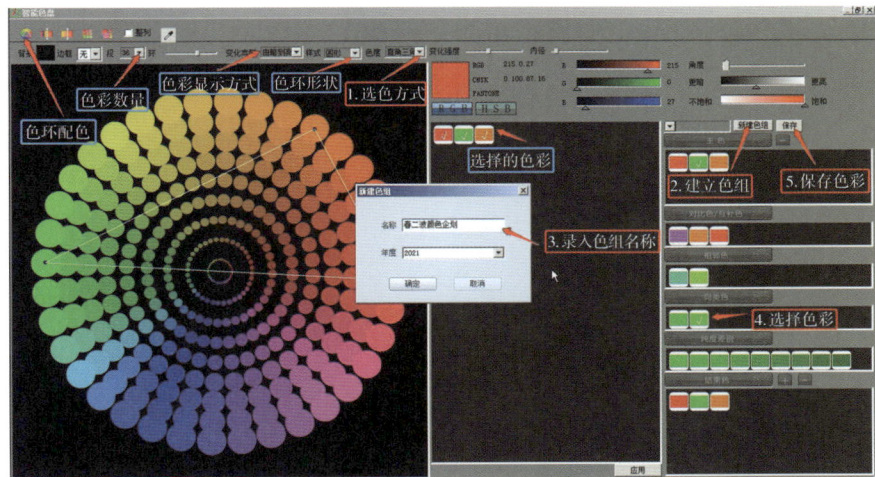

图4-5　智能色盘的色彩选择方法

扫二维码
可见操作视频

051

2.图片分析器

图片分析器主要通过分析色彩灵感来源图片的方式在图片中提取适合的色彩，选出的色彩组合更贴近本波段的产品主题。在"图片分析器"模块的界面中，设计师可以点击"选择理念图"按钮打开资料库，从中选择色彩来源图片。系统提供了"自动寻色"和"区域寻色"两种方式提取颜色，在确定寻色方式后，系统会根据预定的色彩分析数量提取出对应的数量，显示在"图片分解"对话框里，设计师可以从中选择适合的颜色，并将最后确定的颜色保存到预先设置好的色组或新建的色组中，完成色彩选择（图4-6）。

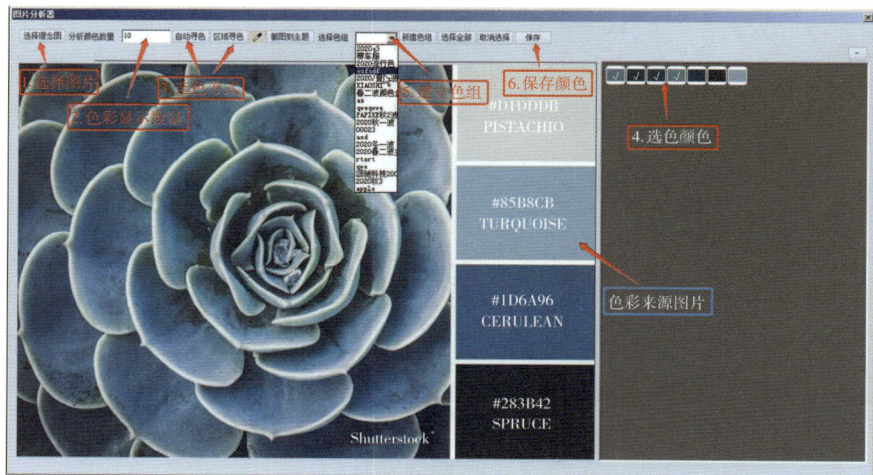

图4-6 图片分析器的色彩选择方法

扫二维码
可见操作视频

3.流行色

在国际权威机构发布的色彩流行趋势中，每个颜色都有对应的RGB值（图2-3），如果设计师想参考这些国际流行色进行产品设计，可通过"流行色"功能，输入想要选择的色彩的RGB值，即可完成色彩选择。点击"流行色"按钮，在弹出的对话框中新建一个色组或选择已有的色组，点击"添加"后在新弹出的对话框中点击"Custom"，录入需要添加的颜色的RGB值，确定颜色后添加到预设的色组即可完成色彩选择（图4-7）。

4.PANTONE色

PANTONE色已经成为国际上各行业认可的色彩标准语言，指定一个PANTONE颜色编号后，在印刷、纺织、塑胶、绘图、数码科技等领域都可以找到对应的颜色，可以避免电脑屏幕颜色、手绘颜色、打印颜色与客户实际要求的颜色不一致所引起的各种麻烦。在"PANTONE色"功能里，系统预设了已有的各种PANTONE色号，还可以根据每年PANTONE色的变化及品牌的需求添加或修改。

点开"PANTONE色"按钮后，在弹窗左边显示色彩按色调分组，右边显示颜色及PANTONE色号、CMYK值及RGB值，设计师勾选需要的颜色后添加到预设的色组中，点击"确定"按钮，完成色彩选择（图4-8）。

服装商品企划

扫二维码
可见操作视频

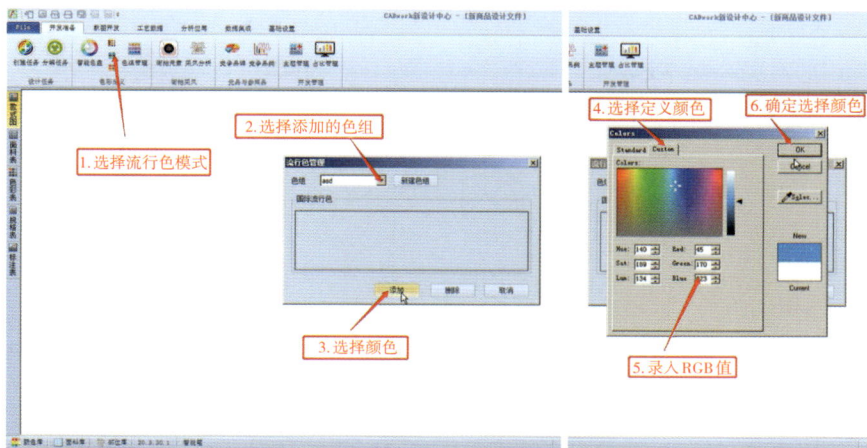

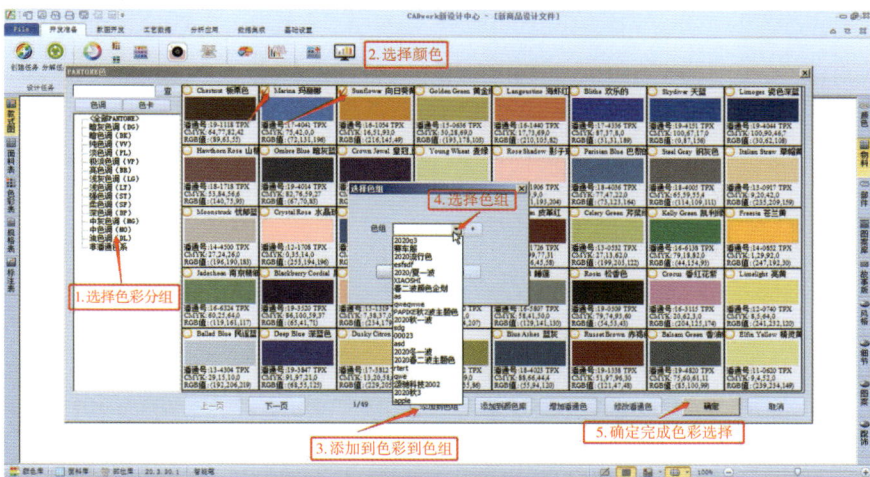

图4-7　流行色的色彩选择方法

扫二维码
可见操作视频

图4-8　PANTONE色的色彩选择方法

5.色组管理

如果品牌公司有自己的ERP系统，一般对颜色都有明确的色号管理方法，设计师通过各种方式选出色彩后，还需要将这些色彩与公司内部的色号进行一一对应，以避免其他部门在应用这些色彩时出现偏差。同时，显示的PANTONE色号则是与外部相关部门沟通时所用。

点选"色组管理"，在弹窗中选择色组，在"色彩来源"处选择需要匹配的颜色的出处，如图4-9所示的三个色彩就是通过"智能色盘"工具选择出来的，在这些颜色显示没有公司色号和未匹配PANTONE色时，需要设计师进行色号匹配操作。选择颜色后点选"标准色匹配"按钮，在新的弹窗中显示与该颜色相似的一组颜色，设计师可以进一步确认最终的颜色，录入公司内部对应的色号，点击"保存"按钮，完成颜色匹配，完成所有的颜色匹配后关闭弹窗，即完成了色组管理（图4-9）。

第四章　产品设计企划

图4-9 色组管理方法

扫二维码
可见操作视频

四、款式设计

设计师查询到分配在自己名下的设计任务，选择产品品类之后开始进行对应的产品款式设计。在新设计中心软件中点开"设计文件管理"模块，在弹出的对话框中选择"未完成"，查看设计任务，点选需要进行设计的品类后点击"新建款式图"按钮，开始进入款式图设计页面（图4-10）。

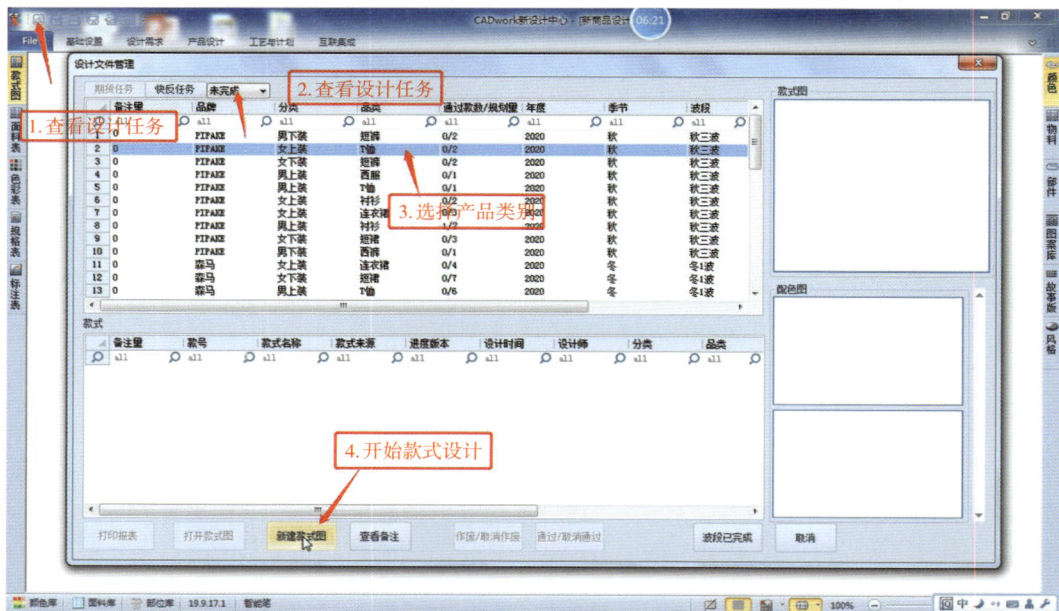

图4-10 新建款式图

设计师进行产品款式设计时，可以根据品类和款式选择不同的设计方法，除了重新绘制款式图之外，还可以在原有款式上进行修改，或者利用部件图组合成新的款式。新产品开发过程中的款式图绘制方法主要有以下内容：

1. 在设计软件中绘制款式效果图

（1）利用设计软件进行款式设计。当设计师需要重新开始绘制一个款式效果图和款式结构图时，一般会使用一些通用的设计软件，如Adobe Illustrator、PhotoShop、CorelDraw等，或选择专用的服装设计软件，如智尊宝纺款式设计软件、富怡纺织服装图艺设计系统等（图4-11）。

另外，新设计中心系统链接Adobe Illustrator软件。如果设计师熟悉或习惯利用Adobe Illustrator软件绘制款式图，可以点击链接按钮后，在弹出的对话框中选择"新建SVG文件"，进入Adobe Illustrator软件界面，即可进行款式设计的相关操作（图4-12）。

图4-11　智尊宝纺绘制百褶裙效果图

图4-12　链接Adobe Illustrator软件进行款式设计

（2）利用虚拟仿真设计系统进行款式设计。随着虚拟仿真技术的发展，目前设计师还可以利用CLO3D、Style3D、ChinaDream立体服装设计系统等3D虚拟仿真设计系统进行款式设计，不仅可以直接展示服装的静态和动态穿着效果（图4-13），还可以进行裁片分解并导出该款式的纸样。

（3）利用人工智能（AI）服装设计软件进行款式设计。随着AI技术的发展，AI技术在服装设计领域中的应用主要有款式设计、图案设计、陈列设计、广告设计等。设计师可以通过与AI进行持续对话，根据品牌风格、款式类别、设计主题等要求生产款式效果图，并根据设计效果进式地描述设计需求，不断生产新的设计图，直至满意为止（图4-14）。

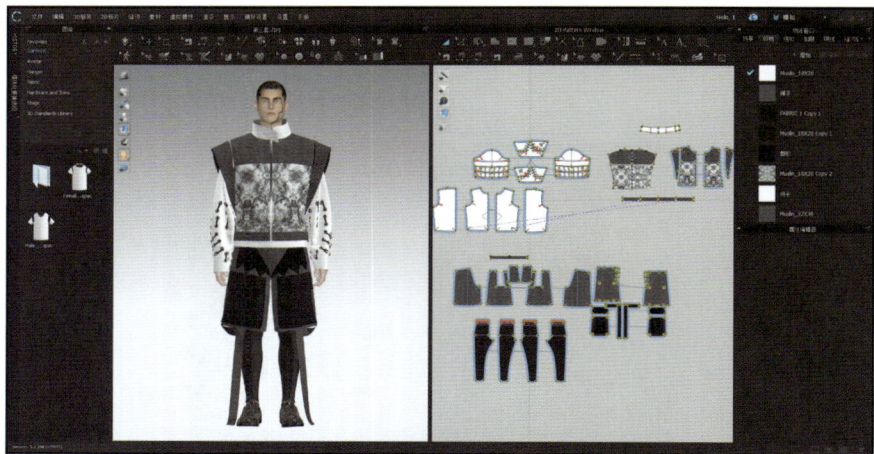

扫二维码
可见操作视频

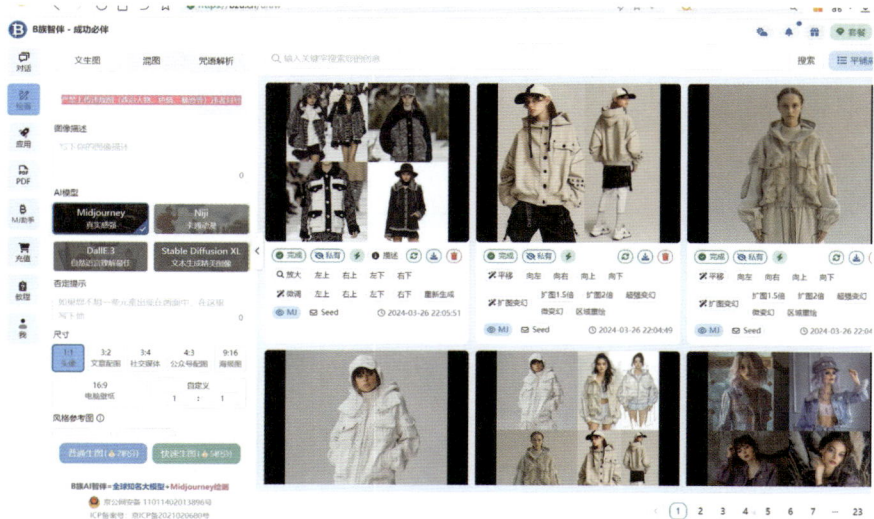

图4-13　CLO3D软件的款式设计

扫二维码
可见操作视频

图4-14　人工智能（AI）软件的服装款式设计

服装商品企划

2. 在设计软件中绘制款选结构图

新设计中心系统中的"智能笔"工具也可以进行款式设计，绘制款式结构图。设计师可通过"智能笔"工具的直线、弧线、修改、移动、复制等操作绘制出款式的轮廓和内部结构细节，注意需要填充颜色或面料的部位需绘制成闭合区域（图4-15）。

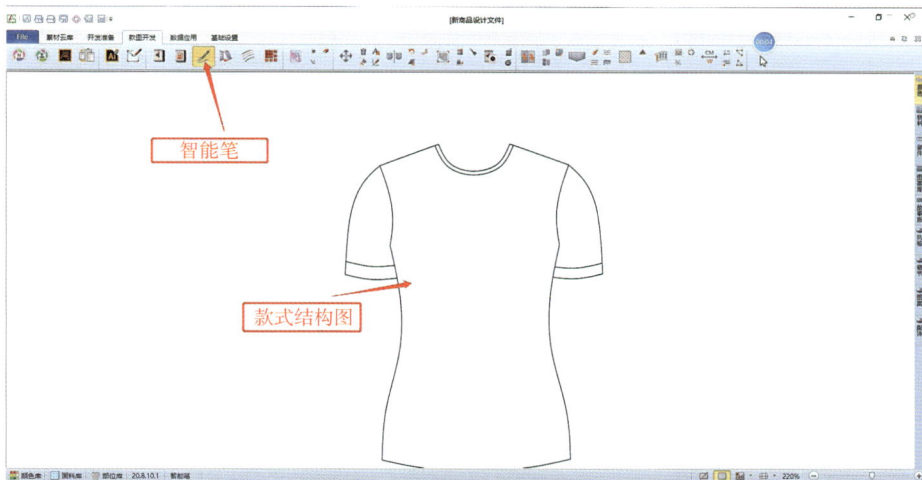

图4-15　利用智能笔工具绘制款式结构图

为了方便设计师能够更好地掌握款式轮廓及结构细节的比例，新设计中心系统还提供了人台参照图，设计师可以在人体模特上按照真实的人体比例设计产品的长度、宽度、内部结构分割及各部件造型等细节，绘制出款式结构图，并直观感受服装各部位的比例设计是否美观、合适。点开"临摹库"功能，在弹窗中选择人体模特所在的分类，点选合适的人台参照图后即可调出使用（图4-16）。设计师可以使用"智能笔"工具按照人台参照图上轮廓和基础线进行款式图绘制（图4-17）。

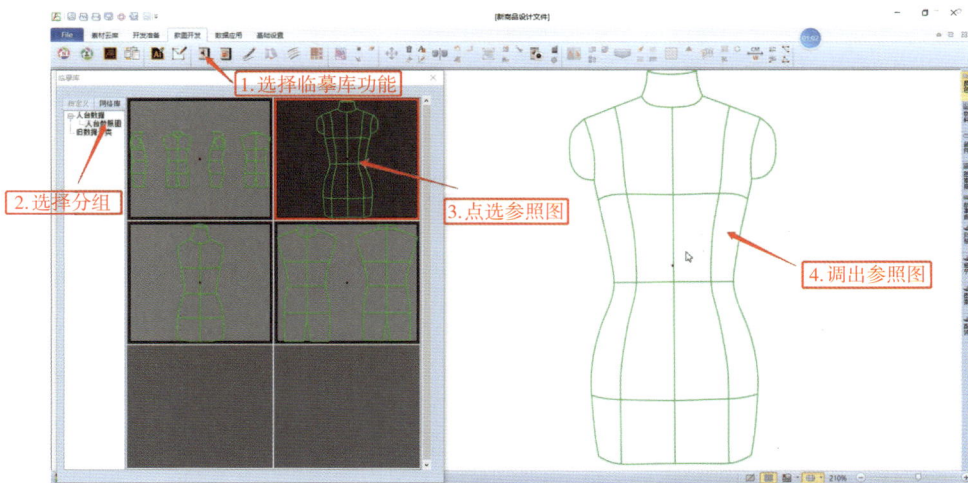

图4-16　临摹库功能调取人台参照图

图4-17 在人台参照图上绘制款式结构图

3.修改原有款式

当新的款式与原有款式差别不大或者只是细节有所不同时，设计师通常会在原有的款式图上进行局部、细节的修改，这样会让款式图绘制变得更加简单方便，并且节约时间。设计师可以按照品类或款式类别将以往的款式图制作成款式库，导入到新设计中心系统中，在进行新款设计时点选"款式库"，在弹窗中选择合适的款式分类调出所有款式结构图，点选最接近、最容易修改的款式图后（图4-18），利用"智能笔"工具进行细节调整和修改，完成新的款式设计（图4-19）。

如果设计师需要将修改好的款式图保存到款式库里，可点开"款式库"功能，在弹出的对话框中点开数据分类，或者新建一个分类，然后在弹出的对话框空白区点击右键，在下拉菜单里选择"增加造型"或"替换造型"（此处还可以对款式库进行删除、置顶等其他操作），框选款式图点击右键，在弹出的对话框中输入附件名称后点击"确认"，即可将新的款式图作为附件保存到款式库中（图4-20）。

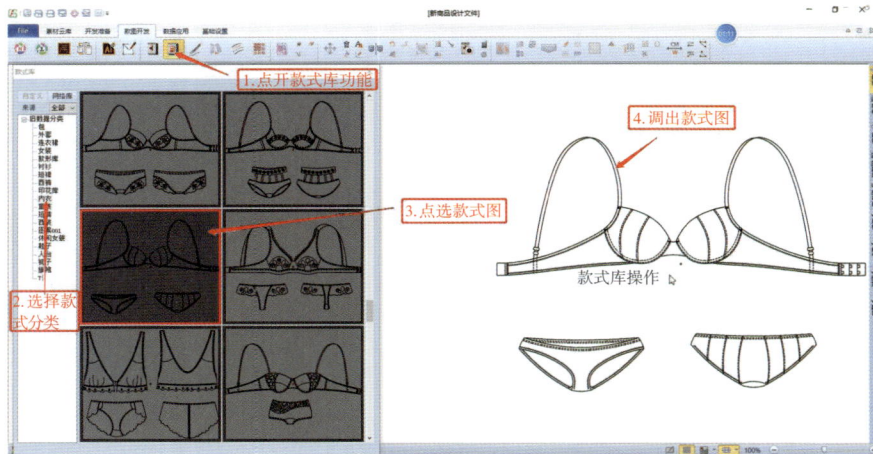

图4-18 调用原有款式图

图4-19　修改原有款式图

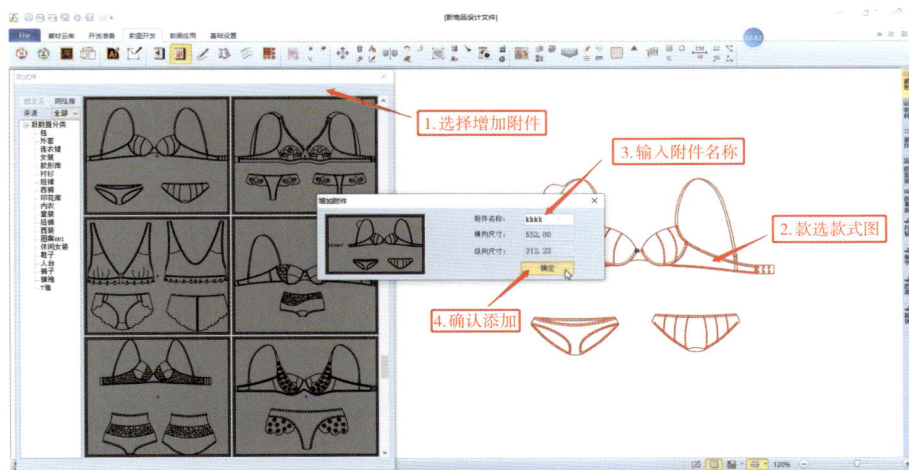

图4-20　增加款式图为附件

另外，在新设计中心系统点开Adobe Illustrator软件链接后，在弹窗中点选"编辑本地SVG"或"打开SVG模板"按钮，即可以对已有的SVG格式的款式图文件进行修改，完成新的款式设计。

4.通过部件拼接进行设计

对于款式轮廓相对比较固定、变化相对不多的品类，如T恤、衬衫、西装等，主要是面料、图案和颜色的变化，设计师可以将各部位的主要款式变化制作成部件库，导入软件中，然后，通过选择不同款式的部件，拼接完成新的款式图设计。在新设计中心系统中，设计师点选"产品设计"界面右侧的"部件"按钮进入部件库，选择部件类型后在所显示的图片中选择适合的部件，选择部件拼接工具（部件拼接工具在"产品设计"模块，点选"按部位"按钮），框选需要拼接的部件后给出拼接的部位，确认完成该部件的拼接

（图4-21）。根据款式的细节设计要求，重复以上操作，完成所有部件的拼接操作之后，即可绘制出新的款式结构图。

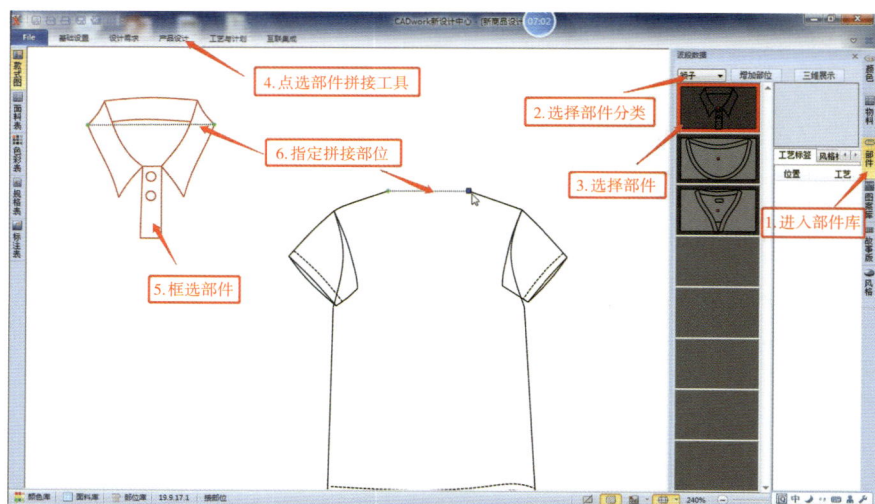

图4-21　通过部件拼接方式进行款式设计

扫二维码可见操作视频

五、色彩应用

款式及细节设计确定之后，设计师根据预选的色彩组合进行色彩应用，设计服装各部位的颜色及搭配，绘制彩色的款式图。在款式图界面的右侧，点选"颜色"按钮打开颜色库，即可显示预设好的色彩组合，在"主色"或"配色"组的色彩中选择合适的颜色后，框选需要填充的部位（绘制款式图时需将各部位绘制成封闭区域）完成色彩填充（图4-22），依次重复操作填充所有部位的色彩之后即可完成彩色款式图的绘制。

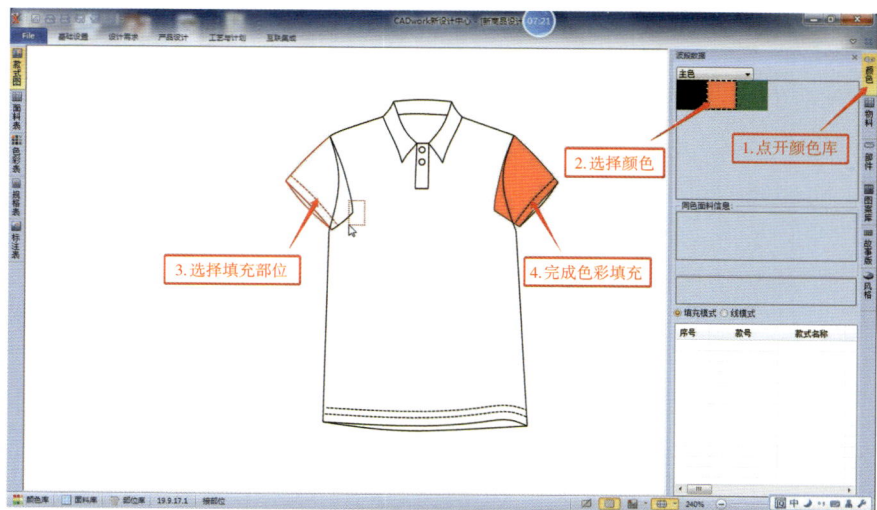

图4-22　款式结构图色彩填充

扫二维码可见操作视频

服装商品企划

六、面辅料选择

　　服装款式图往往还需要可以添加面辅料，以展示产品的实际效果。相关工作人员将品牌以往常用的以及最新流行的面辅料照片按照品类导入面料库，设计师可以根据在主题企划中确定的面辅料规划选择合适的图片填充到款式图中，以显示采用此面辅料制作的服装的实际效果。设计师在新设计中心系统中绘制完款式图后，点开"面料库"，在弹出的对话框中选择面料类别后，在展示的图片中选择合适的面料，确定填充的部位，即可完成面料的填充（图4-23）。设计师可通过观察填充效果进行修改和调整，直至满意为止。如果找不到合适的面辅料，设计师还可以在"面料库"对话框中进行面料种类和图片的增加操作。

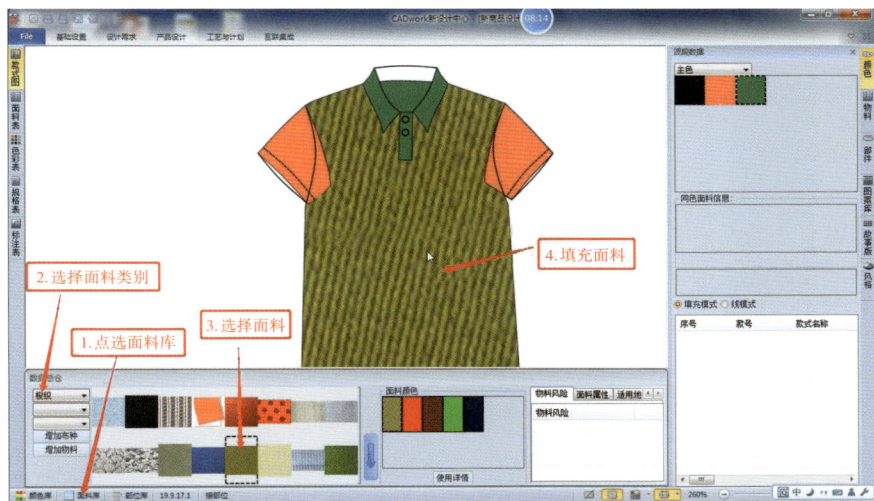

扫二维码
可见操作视频

图4-23　款式结构图面料填充

七、提交设计文件

　　设计师完成款式设计、色彩填充、面辅料应用等工作，确认完成款式图绘制之后，点选页面上端的"保存"功能，在弹出的对话框中录入款式的相关信息，如面辅料类型、色系、风格等，以及该款的面辅料部位应用情况及尺码的信息，确认所有信息录入之后点击"保存"按钮，即可完成款式设计文件的保存，并提交文件，进入审核程序（图4-24）。

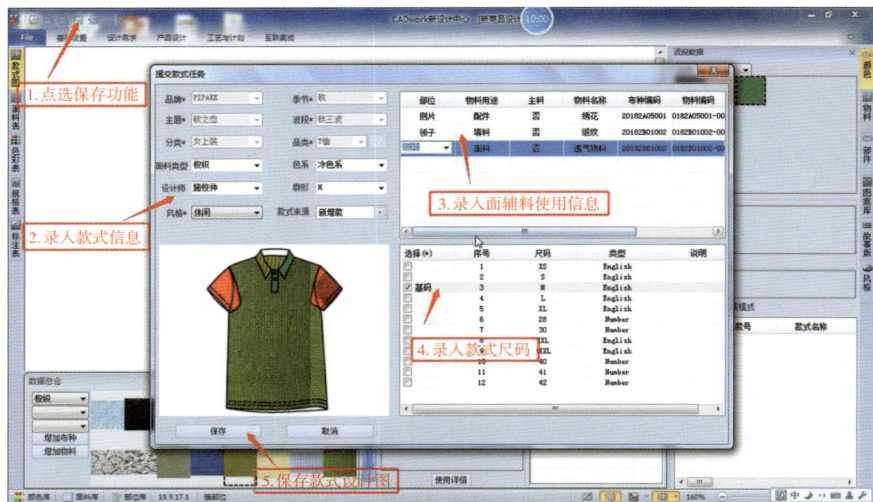

图4-24　保存款式设计文件

八、款式审核管理

设计师提交的设计文件作为头版设计提交给部门主管进行审核，检查款式造型设计、结构细节、色彩及面辅料应用是否合理，如果审核不通过，则需要设计师根据审核意见进行修改或者重新设计，标记为二版再次提交审核，如此往返，直至通过审核之后，才能进入样衣试制等环节。

款式审核人员登录自己的账号，点选"设计文件管理"功能，选择品类，在"款式"栏里面选择款式版本，对该版款式设计进行审核后给出审核结果（图4-25），如果该版款式设计符合要求通过审核后，即可导出版单文件（图4-26）。

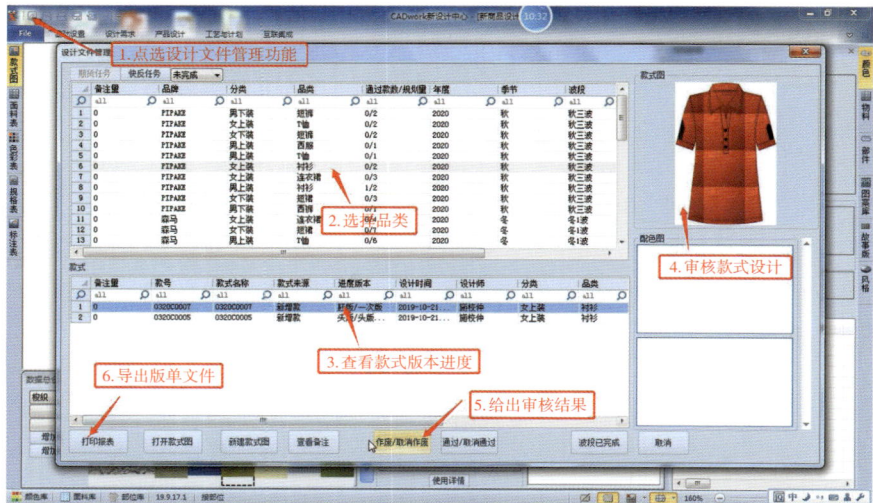

服装商品企划

图4-25　款式审核

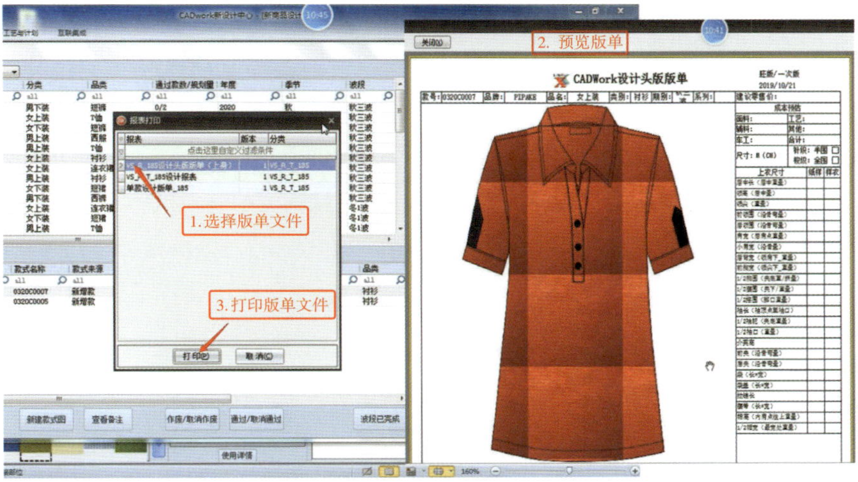

图4-26 导出版单文件

第二节 产品成衣设计

当产品款式设计通过审核之后即可进入产品成衣设计阶段，工程部门需要根据款式结构、面辅料信息、工艺方法等内容和要求，进行号型尺寸设置、纸样设计、放码、排料等工作，为产品的工艺制作环节准备技术资料。本节以款式为半罩杯上下分割的文胸和低腰三角裤的套装为例，介绍成衣设计的流程和方法，款式结构图如图4-27所示。

图4-27 文胸内裤套装款式结构图

一、号型尺寸设置

1.号型设置

文胸的号型设置是以下胸围为"号"，以胸围与下胸围的差值为"型"，一般用A、B、C等大写英文字母表示，标注方式如75B。"号"的档差为5cm，而"型"档差为2.5cm，如

AA为7.5cm、A为10cm、B是12.5cm、C是15cm、D是17.5cm、E是20cm。

内裤的号型设置一般以身高为"号"，以腰围和臀围为"型"，以XS、S、M、L、XL、XXL等大写英文字母表示，标注方式如160M。"号"的档差为5cm，"型"的档差为6cm，但是因为内裤的面料弹性较大，选购内裤时往往不以身高为依据，而是以腰围和臀围为依据，因此内裤"型"的设置通常为一个范围，如"S"型适合的腰围为61~67cm，臀围为80~88cm等。

如图4-27所示，文胸共设置了4个"号"（70cm、75cm、80cm和85cm）和5个"型"（AA、A、B、C和D）（表4-1）；内裤则按腰围和臀围的适穿范围设置了S、M、L和XL共4个号型（表4-2）。

表4-1　文胸号型设置表　　　　　　　　　　单位：cm

号		型				
		AA	A	B	C	D
70	下胸围	68~73	68~73	68~73	68~73	68~73
	胸围与下胸围差	7.5	10	12.5	15	17.5
75	下胸围	73~78	73~78	73~78	73~78	73~78
	胸围与下胸围差	7.5	10	12.5	15	17.5
80	下胸围	78~83	78~83	78~83	78~83	78~83
	胸围与下胸围差	7.5	10	12.5	15	17.5
85	下胸围	83~88	83~88	83~88	83~88	83~88
	胸围与下胸围差	7.5	10	12.5	15	17.5

表4-2　内裤号型设置表　　　　　　　　　　单位：cm

部位	号型			
	S	M	L	XL
腰围	61~67	67~73	73~79	79~85
臀围	80~88	85~93	90~98	95~103

2.尺寸规格设计

文胸的放码过程可按同型不同杯或同杯不同型分别进行，因此，尺寸规格按照同号不同型和同型不同号分别进行设置，表4-3中的尺寸是下胸围为75cm不同杯型的各部位尺寸规格设计，表4-4则是按照B杯型不同号的尺寸规格设计。同号放码的时候侧拉片和后身长度尺寸不变，同型放码是侧拉片和后身长度尺寸档差为1.5cm。

表4-3　75cm下胸围的同号不同型数据及档差表　　　　　　　　　　单位：cm

部位	号型			档差
	A	B	C	
杯高	11	12	13	1

部位	号型			档差
	A	B	C	
杯阔	17.7	18.7	19.7	1
下杯缘	21.8	23.1	24.4	1.3
鸡心高	4.4	4.7	5	0.3
侧比高	8.1	8.6	9.1	0.5
上杯边	15.6	16.4	17.2	0.8
鸡心上阔	1	1	1	0
鸡心下阔	11.5	11.5	11.5	0
下围实际尺寸	60	60	60	0

表4-4　B杯的同型不同号数据及档差表　　　　单位：cm

部位	号型				档差
	70	75	80	85	
杯高	11	12	13	14	1
杯阔	17.7	18.7	19.7	20.7	1
下杯缘	21.8	23.1	24.4	25.7	1.3
鸡心高	4.7	4.7	4.7	4.7	0
侧比高	8.1	8.6	9.1	9.6	0.5
上杯边	15.6	16.4	17.2	0.8	0.8
鸡心上阔	1	1	1	1	0
鸡心下阔	11.5	11.5	11.5	11.5	0
后拉片上围	14.5	16	17.5	19	1.5
后拉片下围	17	18.5	20	21.5	1.5
下围实际尺寸	56	60	64	68	4

内裤以腰围/2为基础尺寸进行纸样绘制，底档长和侧缝长保持不变，尺寸规格设计见表4-5。

表4-5　内裤数据及档差表　　　　单位：cm

部位	号型				档差
	S	M	L	XL	
腰围/2	30	32	34	36	2
前档宽	5.5	5.75	6	6.25	0.25
后档宽	9.5	9.75	10	10.25	0.25
前中长	12	13	14	15	1
后中长	16	17	18	19	1
底档长	13.5	13.5	13.5	13.5	0
侧缝长	5	5	5	5	0

二、成衣纸样设计

1.绘制裁片净样图

制板师根据款式结构图分析该款式的廓型、各部位比例关系、部件组成、结构分割等细节，按照尺寸规格设置中"中间码"尺寸数据为依据绘制出产品面料的净样图，并按照分割线和部件之间的结构关系分解出独立的裁片纸样。如果产品设计及工艺缝制过程中还需要用到里布和黏合衬，制板师则以面料净样图为基础绘制出所有的里布纸样和黏合衬纸样。

该款文胸的净样包括罩杯面布、罩杯里布、罩杯夹棉、鸡心面布、鸡心定型纱、侧拉片面布、侧拉片定型纱、后片面布等，内裤净样包括后片面布、前片面布、前中片底布、前中片蕾丝、底裆里布等（图4-28）。

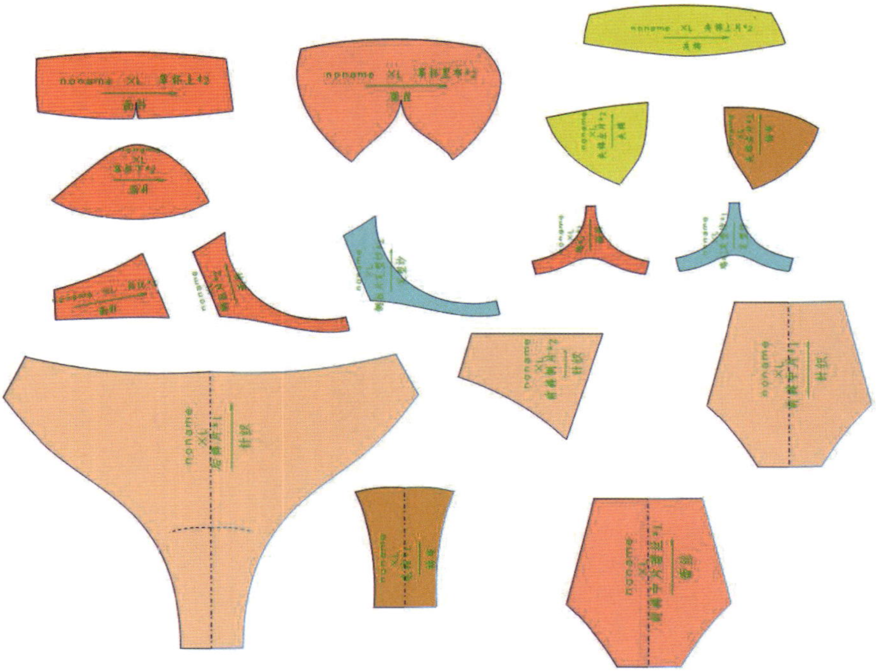

图4-28　文胸套装各裁片净样图

2.绘制成衣纸样图

在检查过面料、里布及黏合衬纸样的形状、尺寸、缝合关系等细节均准确无误并符合要求后，制板师结合所使用的面料特点、工艺缝制方法等要求，在裁片净样上添加合适的缝份，并处理好缝边角部位，最后标注出各裁片所使用的材料、裁片名称、裁片数量、布纹方向、对位点等裁片信息，完成生产纸样的绘制。

该款文胸套装纸样的缝份设置为：

（1）罩杯面布上沿缝边为0.6cm。

（2）夹棉拼接缝合部位和上沿缝边为0，与钢圈形状缝合部位缝边为0.6cm。

（3）里布缝边为0.4cm。

（4）鸡心片上沿缝边为0.6cm，下沿缝边为1cm，钢圈形状缝合部位缝边为0.6cm。

（5）侧拉片上下沿缝边为1cm，其他部位缝边为0.6cm。

（6）后身片上下沿缝边为1cm，其他部位缝边为0.6cm。

（7）低腰三角裤各部位缝边为0.6cm。

该款文胸套装纸样的裁片数量及布纹方向如图4-29所示，在系统中标记各裁片的裁片资料后，完成成衣纸样的绘制。

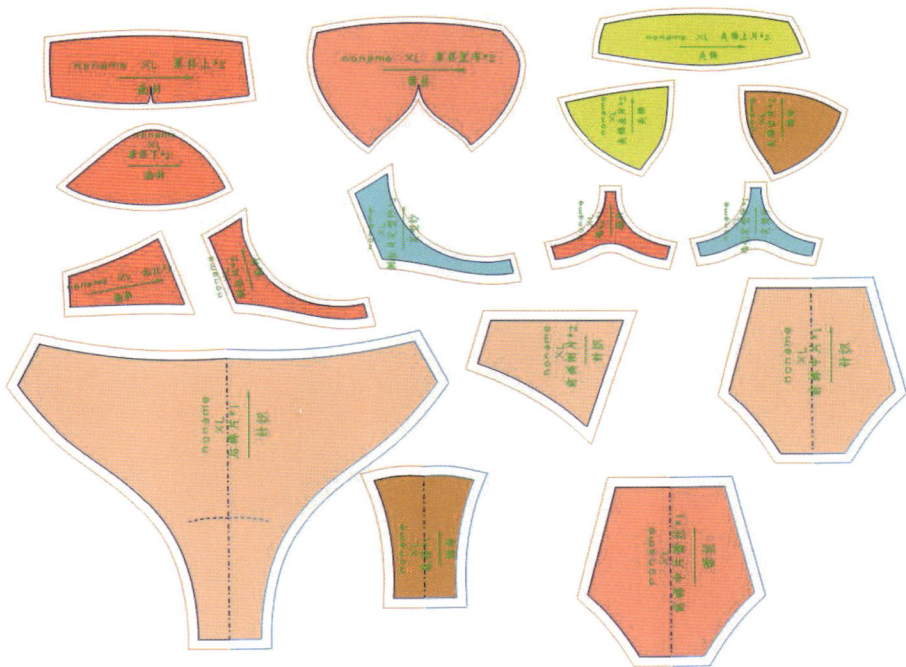

图4-29　文胸套装各裁片成衣纸样图

3.板型版本管理

板型版本管理主要的目的是记录各个制板师绘制的每一款产品纸样的不同版本，因为在样衣试制过程中，相关审核人员会根据样衣的实际效果找出款式设计、结构设计、面料使用等方面出现的问题，如长度、围度、放松量、分割线位置、各部件比例关系等方面的不合适、不准确、不符合要求等，并且设计师可能会根据实际效果改变款式设计的细节，制板师则需要根据这些问题和变化修改或重新绘制新的成衣纸样，因此会出现不同的纸样版本（图4-30）。另外，在样衣试制和结构修改过程中可能会出现反复的情况，如最后决定还是用第二版的领子、第三版的衣长尺寸等，这时制板师就可以调出相应的纸样版本，以此为基础进行修改或者调取相应的裁片，提升改版工作的效率和难度。

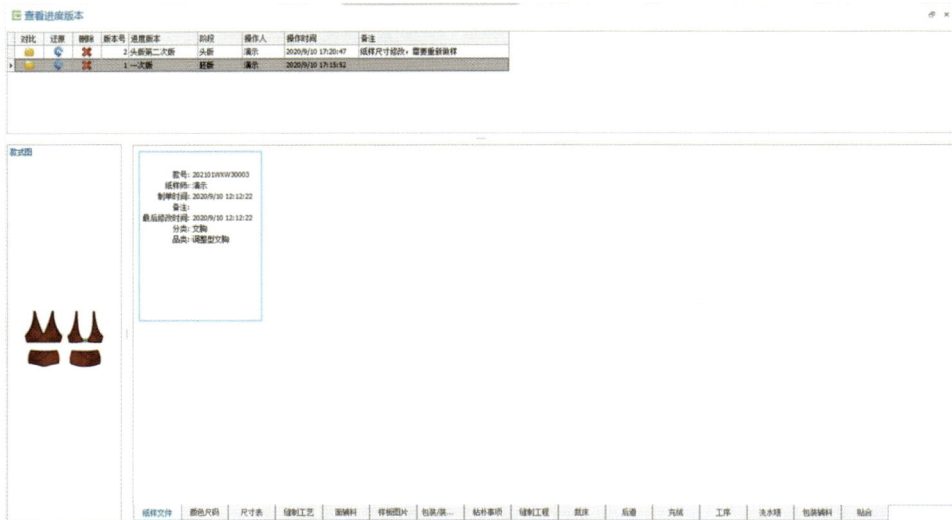

图4-30 板型版本管理

4.物料用量统计

物料用量一般指的是服装面辅料的使用量，分为单件产品用量和大货产品用量。物料用量对产品成本有着直接的影响，因此，需要进行严格管理和控制。物料用量统计结果可用于控制产品开发成本及生产总成本。

（1）单件产品物料用量。单件产品物料用量主要用于样衣试制的领料过程，不仅可以方便计算样衣的生产成本，还可以避免材料的浪费。成衣纸样绘制完成后，样衣师需要从仓库领取相应的材料开始进行样衣的试制工作。制板师根据样衣的数量、各部位所使用的面辅料情况等，对相应的裁片进行排料，样衣师根据排料结果显示的用量领取相应的面辅料，并做好记录（图4-31、图4-32）。

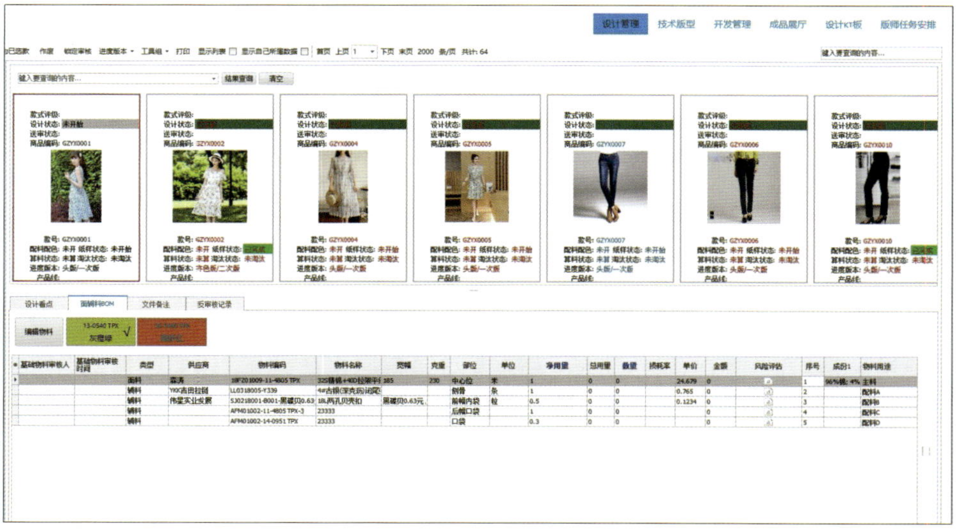

图4-31 物料用量统计（单件）

服装商品企划

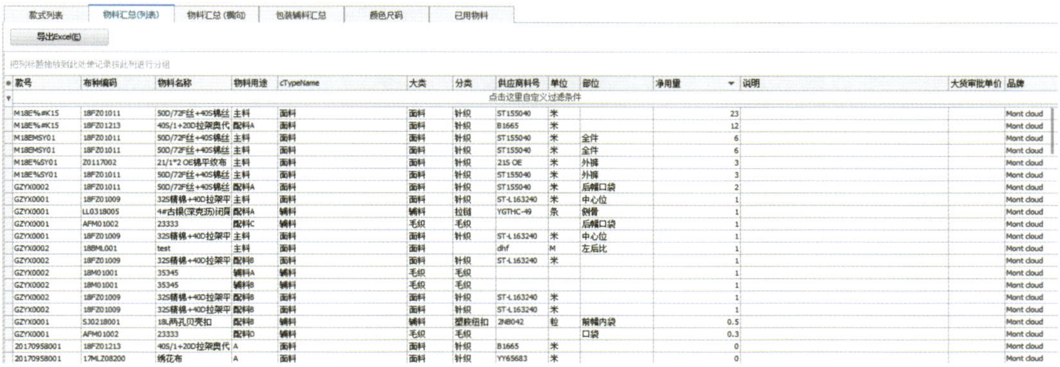
款式列表 物料汇总(列表) 物料汇总（横向） 包装辅料汇总 颜色尺码 已用物料

导出Excel(E)

把列标题拖放到此处使记录按此列进行分组

点击这里自定义过滤条件

款号	布种编码	物料名称	物料用途	cTypeName	大类	分类	供应商料号	单位	部位	净用量	说明	大货审批单价	品牌
M18E%#K15	18FZ01011	50D/72F丝+40S棉丝	主料	面料	面料	针织	ST155040	米		23			Mont cloud
M18E%#K15	18FZ01213	40S/1+20D拉架奥代	配料A	面料	面料	针织	B1665	米		12			Mont cloud
M18EMSY01	18FZ01011	50D/72F丝+40S棉丝	主料	面料	面料	针织	ST155040	米	全件	6			Mont cloud
M18EMSY01	18FZ01011	50D/72F丝+40S棉丝	主料	面料	面料	针织	ST155040	米	全件	6			Mont cloud
M18E%SY01	Z0117002	21/1*2 OE棉平纹布	主料	面料	面料	针织	21S OE	米	外裤	3			Mont cloud
M18E%SY01	18FZ01011	50D/72F丝+40S棉丝	主料	面料	面料	针织	ST155040	米	外裤	3			Mont cloud
GZYX0002	18FZ01011	50D/72F丝+40S棉丝	配料A	面料	面料	针织	ST155040	米	后幅口袋	2			Mont cloud
GZYX0001	18FZ01009	32S精棉+40D拉架平	主料	面料	面料	针织	ST-L163240	米	中心位	1			Mont cloud
GZYX0001	LL0318005	4#古银(深克扔)闭尾	配料A	辅料	辅料	拉链	YGTHC-49	条	侧骨	1			Mont cloud
GZYX0001	AFM01002	23333	配料C	辅料	毛织	毛织			后幅口袋	1			Mont cloud
GZYX0001	18FZ01009	32S精棉+40D拉架平	主料	面料	面料	针织	ST-L163240	米	中心位	1			Mont cloud
GZYX0002	18BML001	test	主料	面料	面料		dhf	M	左后比	1			Mont cloud
GZYX0002	18FZ01009	32S精棉+40D拉架平	配料B	面料	面料	针织	ST-L163240	米		1			Mont cloud
GZYX0002	18M01001	35345	辅料A	辅料	毛织	毛织				1			Mont cloud
GZYX0002	18M01001	35345	辅料B	辅料	毛织	毛织				1			Mont cloud
GZYX0002	18FZ01009	32S精棉+40D拉架平	配料B	面料	面料	针织	ST-L163240	米		1			Mont cloud
GZYX0002	18FZ01009	32S精棉+40D拉架平	配料B	面料	面料	针织	ST-L163240	米		1			Mont cloud
GZYX0001	SJ0218001	18L两孔贝壳扣	配料B	辅料	辅料	塑胶纽扣	2NB042	粒	前幅内袋	0.5			Mont cloud
GZYX0001	AFM01002	23333	配料D	辅料	毛织	毛织			口袋	0.3			Mont cloud
20170958001	18FZ01213	40S/1+20D拉架奥代	A	面料	面料	针织	B1665	米		0			Mont cloud
20170958001	17MLZ08200	绣花布	A	面料	面料	针织	YY65683	米		0			Mont cloud

图4-32 物料用量统计（总数）

单件产品用量的另一个作用是，根据单件产品用量并结合预计大货产量，可以粗略地估算出大货的面辅料用量，用于采购部门大货采购开始之前与供应商协商面辅料的生产时间、交货时间和价格等相关项目，选择合适的供应商以确保大货生产的顺利进行。

（2）大货产品物料用量。大货产品物料用量主要用于大货产品生产前的采购过程。采购生产用物料需要知道各物料的总用量，而影响物料总用量的因素包括：进入生产阶段的款式设计、各款式的总产量、各款式的面辅料类别、各款式的尺码数量，各尺码的产量等。

各物料的大货产品用量可根据样衣试制、放码及排料等过程的结果进行估算，估算的准确度直接影响采购成本及生产成本。

三、放码

为了提高通过放码得到的所有尺码纸样的准确度，制板师一般先绘制出中间码的生产纸样之后，再根据号型设置及尺寸规格设计，选择合适的放码方法，推放出所有尺码的生产纸样。目前放码软件提供的放码方法主要有点放码法、切割放码法、规则复制法、自动放码法等，但是，无论选择哪一种方法，都需要计算放码部位的档差值，然后在系统中录入才能完成放码操作。

1. 档差计算

档差值的计算方法主要有目视法、比值法、公式法等几种，可根据成衣纸样图的绘制方法选择适合的档差计算方法，计算出所有需要放码的裁片的所有放码点的横、纵向放码量。

例如，其款套装的文胸是75cm下胸围同号不同型的号型设置进行推放，其中侧拉片和后身长度不变化，与罩杯缝合的部位做相应调整；鸡心片与罩杯缝合的部位进行调整；罩杯夹棉和内层里布放码规则同罩杯面布；钩扣、肩带均为通码，不需要放码。该款文胸和内裤的各放码点的放码量如表4-6、表4-7所示。

表4-6　文胸各放码点放码量表　　　　　　　　　　　单位：cm

各放码点图示	放码点代码	各放码点数值	
	A	$X=-0.5$	$Y=0.5$
	B	$X=0.5$	$Y=0.5$
	C	$X=-0.5$	$Y=0$
	D	$X=0.5$	$Y=0$
	E	$X=-0.5$	$Y=-0.5$
	F	$X=0.4$	$Y=-0.5$
	G	$X=-0.4$	$Y=-0.4$
	H	$X=-0.4$	$Y=-0.4$
	I	$X=-0.5$	$Y=0.1$
	J	$X=0.5$	$Y=0.1$
	K	$X=-0.5$	$Y=-0.1$
	W	$X=-0.25$	$Y=-0.5$
	X	$X=0.25$	$Y=-0.5$
	L	$X=0.5$	$Y=-0.25$
	M	$X=-0.45$	$Y=0.4$
	N	$X=-0.45$	$Y=0.4$
	O	$X=-0.6$	$Y=0.5$
	P	$X=0.25$	$Y=0$
	Q	$X=0.25$	$Y=0$
	R	$X=0$	$Y=0.3$
	S	$X=-0.25$	$Y=0$
	T	$X=-0.25$	$Y=0$
	U	$X=0.25$	$Y=0$
	V	$X=0.25$	$Y=0$

表4-7　内裤各放码点放码量表　　　　　　　　　　　单位：cm

各放码点图示	放码点代码	各放码点数值	
	A	$X=-0.6$	$Y=0$
	B	$X=0$	$Y=0$
	C	$X=-0.6$	$Y=0$
	D	$X=-0.3$	$Y=-0.5$
	E	$X=-0.3$	$Y=0$
	F	$X=-0.4$	$Y=-0.4$
	G	$X=0.3$	$Y=0$
	H	$X=0.4$	$Y=-0.4$
	I	$X=-0.3$	$Y=-0.5$
	J	$X=0.3$	$Y=-0.5$
	K	$X=-1$	$Y=0$
	L	$X=1$	$Y=0$
	M	$X=-1$	$Y=0$
	N	$X=1$	$Y=0$
	O	$X=-0.25$	$Y=-1$
	P	$X=0.25$	$Y=-1$
	R	$X=-0.25$	$Y=1$
	S	$X=0.25$	$Y=1$
	T	$X=-0.25$	$Y=0$
	U	$X=0.25$	$Y=0$

2.选择放码方法，输入放码量

确定各放码点的放码量后，即可进入放码系统进行放码操作。以布易ET服装CAD软件的点放码方法为例，将所有裁片信息录入之后，进入放码操作界面，选择"点放码"工具后，按框选放码点，在弹窗中录入水平和竖直方向（即X、Y值），确认后即完成该放码点的放码操作，界面则显示出该点所有尺码的放码后的新位置（图4-33）。按顺序逐一输入各放码点的放码量后，系统自动显示各裁片所有尺码的放码效果（图4-34）。

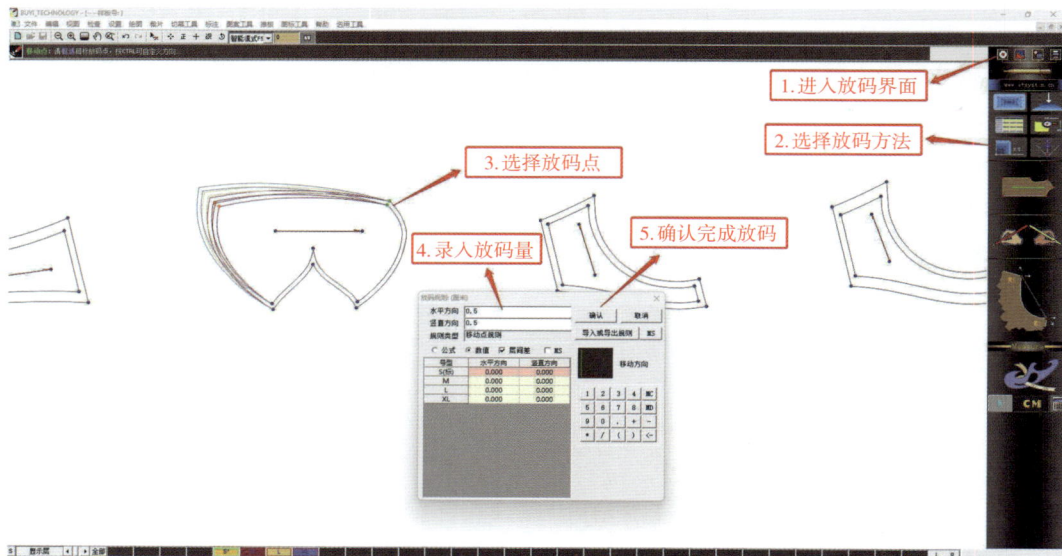

图4-33　文胸各裁片的放码操作方法

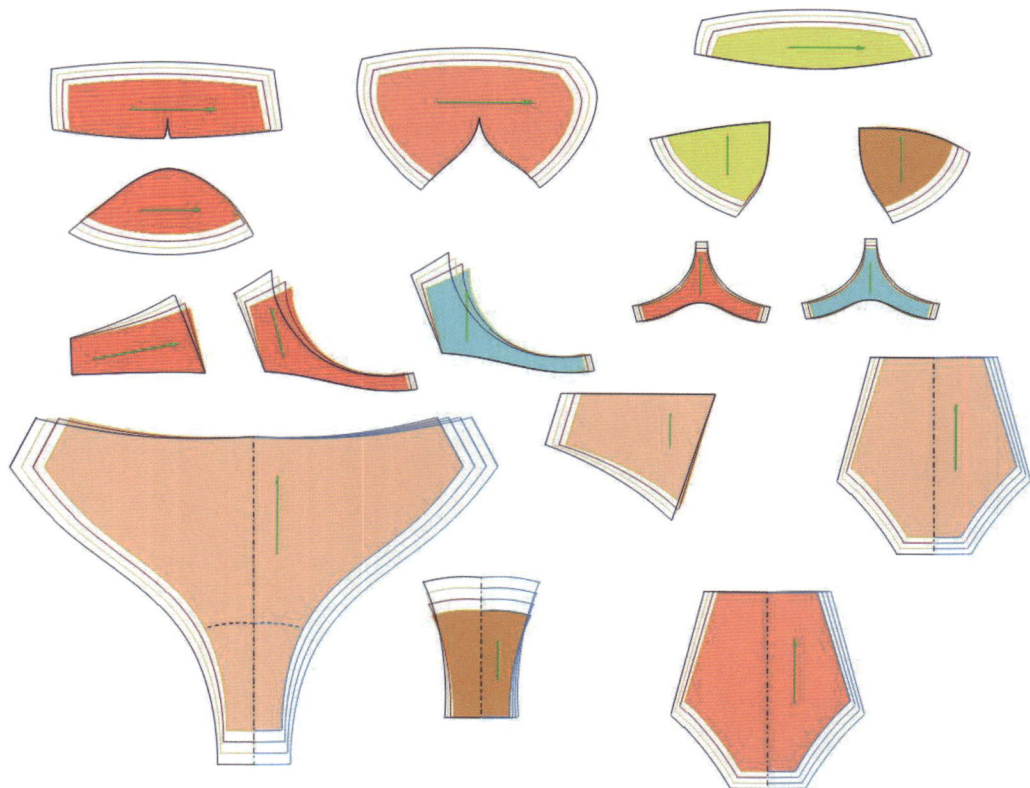

图4-34　文胸和内裤各裁片的放码效果

3.展开放码图，检查放码效果

所有裁片的放码操作结束后，需逐一点开各尺码的裁片图，检查通过放码操作得到的各裁片的形状、尺寸、缝合部位关系等是否合理等，并进行适当的修改和调整，确保各尺码裁片的准确度。

四、排料

排料要求在以最小的面积或最短的长度将所有纸样画在排料纸或面料上，在符合产品生产数量、面辅料特性、裁片特点、裁剪设备性能、裁床尺寸等方面的要求的基础上尽量节省用料。排料过程的主要工作包括制订裁床分配方案、绘制排列图等。

1.制订裁床分配方案

一般的生产过程中，服装面料的成本约占生产总成本的50%以上，合理的裁剪分配方案可以有效地提高面辅料的利用率，降低面料成本，进而降低生产总成本。制订裁剪分配方案需根据产品品类、产品的款式设计、面料特点、号型设置及各尺码产量设置等信息，并结合裁床长度、裁剪设备特点等因素进行合理编排，最佳裁床分配方案的原则是排列图张数最少、床数最少、面料利用率最高。

裁床分配方案的内容包括：

（1）排料方式：包括床数、层数、尺码、件数等（表4-8）。

（2）拉布方式：包括拉布方法、拉布长度、铺料方法、面料颜色数量及组合等。

表4-8　某产品的裁床分配方案表

序号	S（件）	M（件）	L（件）	XL（件）	层数
（1）	1	2	2	1	100
（2）	1	1	2	2	96
（3）	1	0	2	2	54
（4）	0	0	2	2	30

2.制订排料方案

制订好裁床分配方案后，利用CAD软件的排料系统，根据排料原理和规则，选择合适的排料方法，对需要裁剪的成衣纸样进行合理的排列，可以降低排料的错误率和漏排率，同时还可以提升面料的利用率，从而节约面辅料成本。排料方案最终以排料图的方式呈现。

目前，排料系统提供的排料方法主要有交互式排料、半自动、全自动、智能自动排料等，按照服装款式又可以分为单款排料和多款排料，其中多款排料是指排料时将不同款式中同种面辅料的裁片排在同一裁床，因此在排料系统中制订排料方案时，往往需将不同款式中同种材料的裁片纸样合并为一个文件。

排料过程的基本操作为进入排料系统后点选"文件"模块（以布易ET服装CAD软件的排料系统为例），在下拉菜单中选择"新建"，在弹窗中选择需要排料的纸样文件，点击"增加款式"按钮，完成文件选择（如果在同一张排料图上需要裁剪多个相同面料的裁片文件时，可以进行重复添加），点击"打开"按钮，进入排料信息对话框（图4-35）。

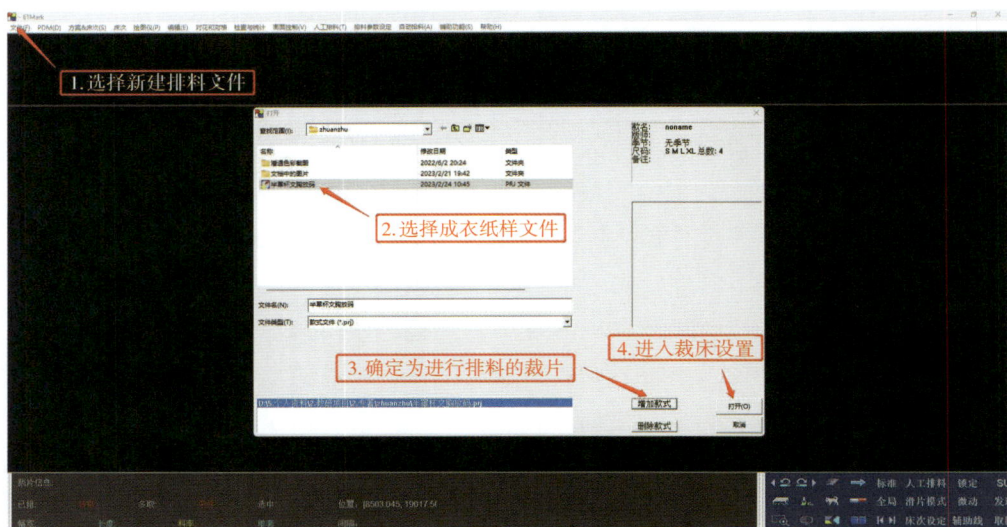

图4-35　建立排料文件

在排料信息对话框中点击"增加床"按钮，在弹窗中录入裁床文件名称，并录入面料相关信息（如面料的幅宽、缩水率、颜色、层数、单价等），选择本床裁剪的材料类别后，根据裁床分配方案录入各尺码的套数，确定信息无误后点击"OK"按钮，进入排料界面（图4-36），开始排料工序的操作。

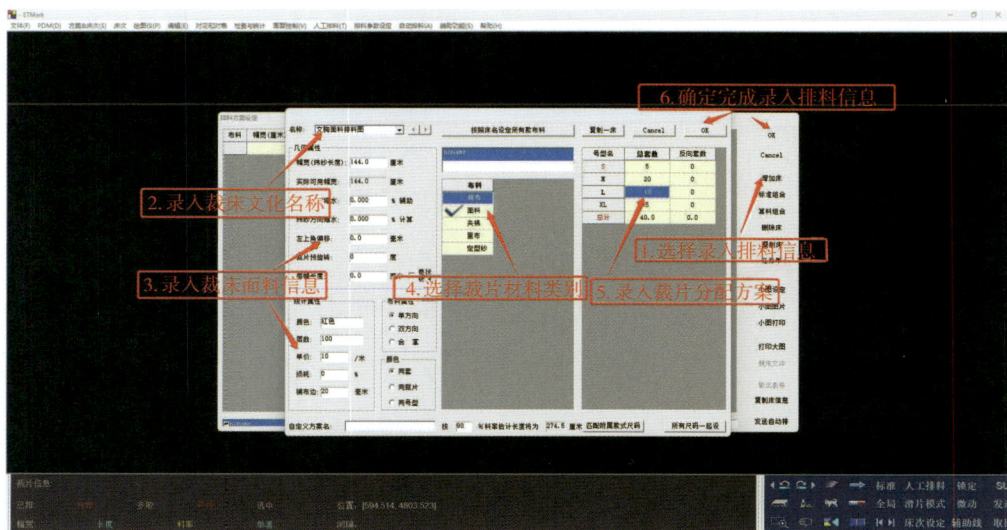

图4-36　录入排料方案信息

3.生成排料图

进入排料操作界面后，界面上部会显示所有需要排料的纸样图、尺码和对应的数量，界面中部显示的是最终的排料结果，即排料图，界面下部显示的是排料结果的相关数据，如已排数、未排数、排料图长度、面料利用率等。

排料时可先选择"自动排料"工具，让系统进行预排，然后选择"人工排料"工具，再根据实际情况进行修改和调整，以得到更高的面料利用率（图4-37）。排料的结果往往跟系统的计算能力、裁片形状、裁片大小、裁片数量和技术人员的经验有很大的关系，在排料过程中可以通过合理改变裁片形状、数量和旋转排料角度等方法，提升面料利用率，从而降低面料成本。

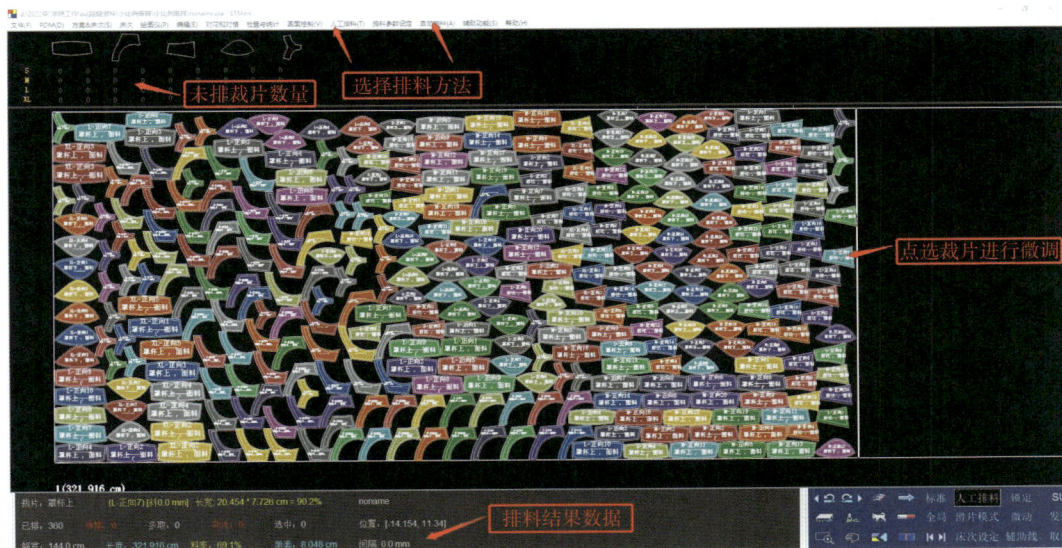

图4-37　生成排料图

排料操作结束后，检查排料结果，确保所有裁片都已排完且准确后，在"文件"模块的下拉菜单中选择"保存"工具，将排料图保存到指定的文件夹内。如需进行裁布可在自动裁布机上点选该排料文件，或者在绘图仪上打印排料图。

第三节　样衣管理

产品的款式设计通过审核之后，还需要制作出实物样品，才能切实了解产品设计的实际效果，这样的实物就是样衣。通过样衣试制确保板型、面料、细节、工艺等方面达到设计师想要的效果，也是进行款式设计、结构设计和工艺方法修改的重要依据。样衣试制是一个试错的过程，需要设计师、制板师、样衣师的有效沟通和密切配合，才能在最短的时间、用最低的成本制作出符合设计师要求的款式。样衣管理的主要内容包括样衣制作、样衣管理、样衣审核等。

一、样衣制作

样衣制板师领到任务后，通过分析款式设计图、结构设计图和裁片信息等相关资料，选择合适的缝制工艺方法，准备相关设备和工具，领取所需的面辅料之后，按时按量制作出各款式和尺码的样衣。

1.确定样衣制作数量

样衣数量取决于样衣的作用。采用分销、加盟、联营等多种运营模式的品牌，需要通过召开订货会形式向订货商展示新一季的产品，供其通过现场观察选择订货的款式和数量，因此可能需要将所有款式、所有尺码、所有颜色的样衣都做出来。对于自主经营的品牌来说，往往只需制作每个款式单个尺码的样衣即可，如设计师认为有必要检查款式设计在不同颜色下的效果差异，才需制作所有颜色的样衣。样衣制作的频次和数量直接影响到产品开发成本，因此，品牌需要严格控制样衣的数量。

2.领取样衣面辅料

样衣所用的面辅料可根据样板制作过程中的作用进行调整。第一版样衣往往是为了检验款式和板型设计的立体效果，因此，可以选用与实际面料性能相似、但是较为便宜的面辅料代替，甚至还可以选择用白坯布。如本次设计的面料与之前的相同或相似，还可以选择现有剩余的面辅料，以降低样衣试制过程中的材料成本。当款式修改完成之后，需要根据再版的样衣试制过程确定具体的结构尺寸、工艺方法、工艺流程顺序、工时、品质标准等相关内容，用于指导大货产品的生产过程，样衣的面辅料则需要跟大货产品一样。

为做好样衣试制过程的成本控制，不管哪种情况，样板师都需要填写物料领取单，详细记录领取的材料类型、数量、时间、用途等。

3.样衣缝制

样衣试制过程不仅承担检验产品设计实际效果的任务，还要为大货产品的生产过程准备相关资料。因此，需要样衣试制人员具备较高的工艺水平和综合素养，具有一定的发现问题、分析问题和解决问题的能力，并兼具一定的创新意识和创造能力，可以根据具体的款式、面料、工艺方法及成本要求设计合适的缝制方法、缝型及缝迹、工序顺序和质量标准等，尽可能采用简单、合理、高效、可靠的生产工艺，尽量采取与大货生产工厂相同的设备、技术水平，既要保证质量，又兼具合理性和可行性，且适合大货生产。

样衣试制人员在样衣缝制过程中，要与设计师、制板师保持紧密的联系和沟通，及时发现设计、结构等方面存在的问题并进行修改和调整，以节约样衣试制的时间和成本，同时做好相关数据的记录工作。

服装商品企划

4.记录相关数据资料

在样衣试制过程中，样衣师需要记录的相关数据资料主要包括以下内容。

（1）材料：如样衣制作过程中所需要的材料及规格、颜色和实际用量等。

（2）设备及工具：如缝制工艺需要的设备、工具、配件的类型和参数等。

（3）工艺方法：如各缝合部位采用的缝制方法、技术要点及品质要求等。

（4）工艺技术参数：如针迹密度、缝线张力、缝纫速度以及熨烫设备的温度、压力、时间等。

（5）工艺流程：如所有缝制工序的划分、工序的顺序等。

（6）工序工时：如各工序的工时及所需条件等。

二、样衣管理

样衣经过制作、审核、修改、定板、封样等流程之后，往往会出现很多样衣实物，而且属于不同的版本。如此多的样衣版本在整个产品开发、订货和大货生产过程的作用都是举足轻重的，一旦出现丢失、损坏等情况，可能会造成极大的影响和损失，因此，需要对每个样衣进行妥善管理。

样衣管理的主要工作包括给每个样衣建立样衣卡、入仓出仓管理、日常保管和处理等（图4-38）。

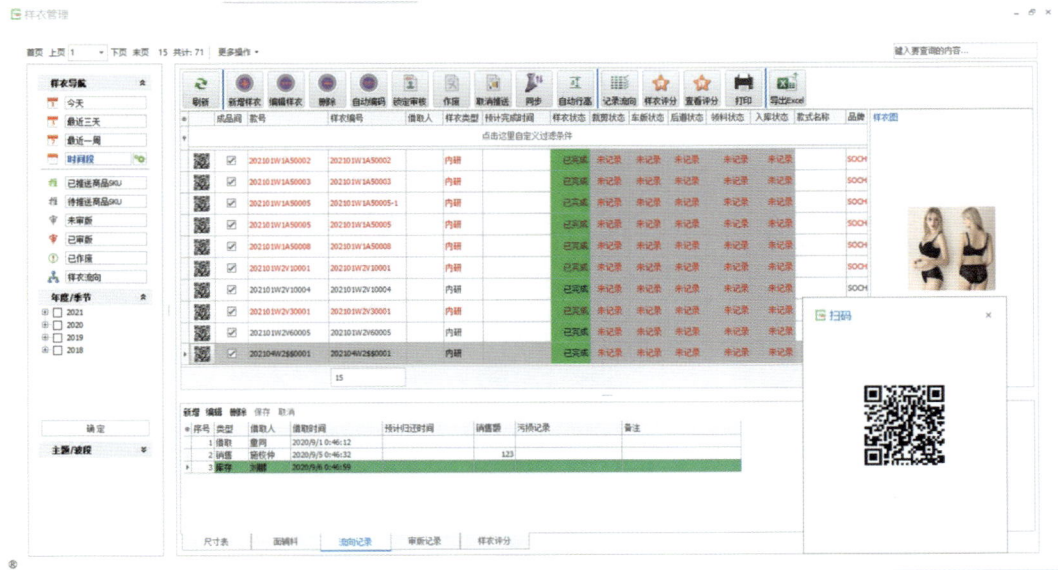

图4-38　样衣管理系统

图4-39　样衣卡

1.建立样衣卡

根据在产品开发和生产过程中的作用，样衣可以分为款式版、试穿版、生产版、展示版等；样衣在试制过程不断地调整和修改后会还会出现头版、二版等。不同作用的样衣在细节上会有不同，为了能够准确区分需要对所有样衣进行归类和编码，制作样衣卡，详细记录该样衣的名称、编号、款式、制作人、制作时间、存放位置等信息（图4-39）。

为了方便对样衣进行统计和管理，样衣卡上可以印有二维码、条形码等，以及利用RFID（Radio Frequency Identification，射频识别）技术对样衣进行数字化、自动化管理（图4-40）。

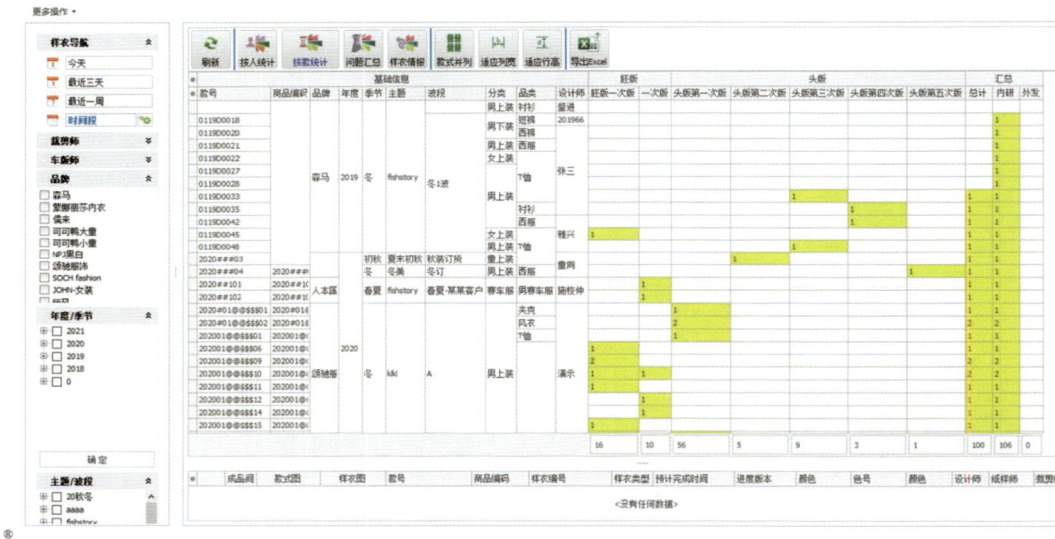

图4-40　样衣的版本管理

2.样衣的日常管理

为了方便样衣的管理工作，所有样衣都有统一、固定的存放位置，建立专门的样衣间是必要的。样衣间除了具备保存样衣的基本功能外，还可以兼顾样衣的审核、样衣试穿和展示的功能，因此，样衣间内要保持环境整洁，温度和湿度适宜，并有明确的区域划分。

对样衣的日常保管工作主要包括：

（1）样衣入库后建立档案，并摆放到合适位置，做好详细记录。

（2）做好样衣的整理和保存工作，确保样衣的整洁和完整，如发现问题及时汇报并采取有效办法解决。

（3）详细且准确记录样衣的借出人、借出时间及归还情况，如未及时归还需进行提醒

服装商品企划

和催还工作。

（4）定期进行盘点，了解样衣的数量、状态等。

（5）保持样衣间的整洁和通风。

3.样衣处理

当新一季的产品开发开始之前，上一季样衣的使命已经完成，品牌公司需要对这些样衣的类别和状态采取合适的处理方式，并做好记录，不仅为新一季的样衣预留摆放空间，还可以降低产品开发的总成本。样衣的处理方式主要有：

（1）收藏。品牌可以建立样板资料库，保留一部分具有代表性的样衣，不仅可以作为今后产品开发的参考资料，还可以用于记录和展示品牌发展过程的实物资料。

（2）销毁。如试制过程中的头版、二版，这些用坯布制作的、表面上有明显标注和修改痕迹的、影响或不适合穿着的样衣，可以进行集中销毁。

（3）销售。如款式版、生产版、展示版，这些没有明显瑕疵、不影响穿着、符合产品质量标准的样衣，可以通过对公司内部员工或对公司外部人员特价销售等方法进行售卖。

（4）捐赠。对于保存完好、干净整洁、不影响穿着的样衣，还可以无偿捐赠给有需要的组织和个人。

三、样衣审核

样衣审核是样衣试制过程中的重要环节，通过样衣审核，发现款式、面料、结构、工艺、品质等方面存在的问题，经过反复审核和修改，确定最终的款式、结构和工艺设计方案，为大货生产准备技术资料，确保大货生产的顺利进行。

1.组建样衣审核小组

样衣审核小组的工作是审核样衣的款式、板型、工艺、穿着效果等，一般由设计、制板、生产、品质管理、销售等部门的负责人和直属工作人员组成。样衣审核小组需根据各环节的实际情况从不同角度对样衣进行合理、准确的审核，以确保最终的产品设计符合大货生产要求，能够顺利完成生产。

2.现场审核

根据现场审核的目的和内容，样衣的展示方式主要包括挂版展示、人模试穿和真人试穿等几种方式。不同的展示方式所需要的时间和成本也有所不同，品牌可根据具体情况选择适当的展示方式。

（1）挂版展示。挂版展示是指用衣架将样衣悬挂起来做简单的展示，主要用于初步审核款式、色彩搭配和各部位的比例关系等，粗略地找出产品设计中存在的明显的、核心的和根本性问题。

（2）人体模型试穿。人体模型试穿是指将样衣穿着人体模型上做立体展示，主要用于审核款式设计、结构分割、尺寸比例、工艺细节等的立体效果，从三维角度发现产品设计存在的细节问题。

（3）真人试穿。真人试穿指的是用试衣模特穿着样衣进行动态展示，主要用于审核样衣的合体度、运动状态下的舒适度以及行走过程中的动态效果，更加直观、清晰地了解产品在实际穿着过程中可能出现的问题。

样衣审核小组成员根据现场观察样衣的展示和穿着效果，以及与试衣模特的沟通交流后，经过综合分析和共同商讨之后给出修改意见，交由各部门进行修改和调整，如款式的修改意见给到相应的设计师、尺寸的修改意见给到纸样师、工艺的修改意见给到制板师等，并记录到管理系统中（图4-41）。样衣师制作新一版的样衣后，再组织审核小组进行审核，经过反复审核和修改直至确定最终的样衣版本。在此过程中需要详细记录每一版样衣修改和调整的内容、新的工艺技术资料等，在系统中可以查询到每一个样衣版本的审核和修改记录，方便随时调取相关版本的具体数据信息（图4-42）。

图4-41　样衣审核修改内容记录

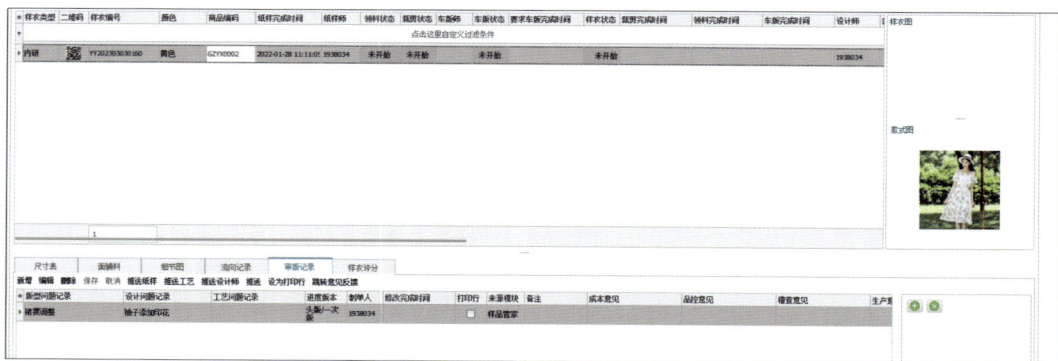

图4-42　样衣各版本审核修改内容记录

3.样衣确认

样衣版本经审核通过并由审核小组成员签名确认无误后，需将样衣进行封样，并做好归档和记录工作。封样后的样衣所有人都无权再进行修改，样衣管理人员需进行细心保管，严格遵守样衣管理流程和要求，如需借出使用则严格执行借用流程，记录借出的样衣编号、借出时间、借出人、样衣去向、归还时间等信息，以确保样衣不会出现损坏和丢失。

第四节　产品生产单企划

一、工艺板单

服装生产工艺板单中标明了产品具体的工艺要求和技术指标，既是产品生产过程中非常重要的技术文件之一，也是产品生产及品质检验的重要依据。工艺板单的内容是否正确、完整、规范，直接决定了生产出来的产品能否符合款式设计和质量要求，也对生产成本和生产周期有着巨大的影响，因此，编制工艺板单时要思考如何合理利用物料、降低生产成本、缩短生产周期。

工艺板单编制的主要依据包括商品企划方案中确定的款式和规格数量、号型尺寸、颜色、面辅料及生产批量等规划，以及款式设计图及文字说明、确认后的样衣、缝制工艺方法、技术指标、品质要求等内容。

1.款式图及款式细节说明

工艺板单中需要给出该款产品的款式图，并标识出服装效果图或款式结构图的正面和反面，还需要对于容易看错或需要特别注意的细节部位加入文字说明（表4-9）。

表4-9　款式图及细节说明

结构效果图	款式说明
	①款式由不对称背心和斜分割内裤组合，背心背后采用黑色面料分割，中间采用拉链，方便背心穿脱 ②泳装前面采用色块拼接，形成不规则的形状，由四种颜色的色块拼接，前段连至内裤，内裤中部采用斜分割的方式用黑色面料分开，上下为蓝色与绿色的面料，强调分割立体性

2.颜色及尺码信息

工艺板单中要给出产品生产的具体颜色及数量，依据一般为企划方案中的销售量计划，列出每个颜色、每个尺码的生产量和合计总量（图4-43）。

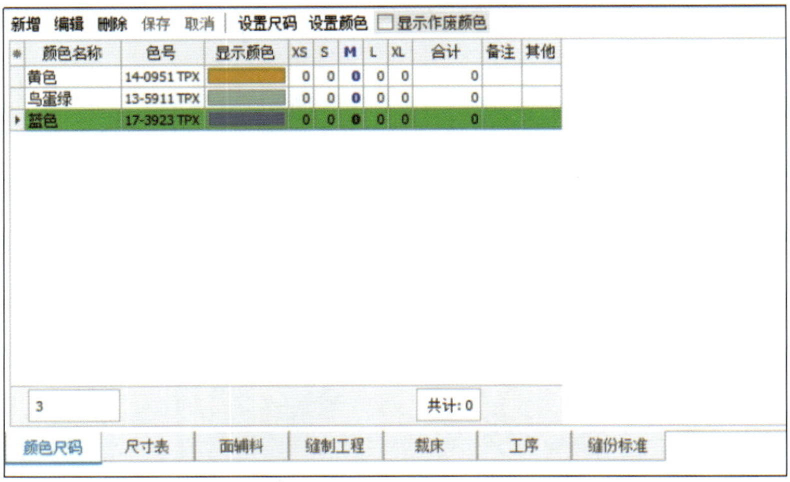

图4-43 颜色及尺码信息

3.面辅料、包装材料信息

面辅料、包装材料信息主要包括面辅料的幅宽、材质（成分）、颜色、规格、数量等信息，并指出材料的应用位置，还可以在款式图上标注出各部位面料和辅料的颜色，标明缝纫线的颜色、材质和规格，表明印花（或字）、绣花（或字）的所需材料的材质和颜色等（表4-10）。

表4-10 面辅料信息

基本信息		实物贴图	说明
面料	锦氨混纺		
组织	纬编		
成分	80/20		
供应商	HBDXJHX		
供应商代码	FJDCKI–187364		该面料作为主面料
面料颜色	克莱因蓝、荧光绿、黑、白		
尺码	门幅152cm		
价格	40元/米		
辅料	里布、拉链、缝线、垫棉、乳胶松紧带、弹力网	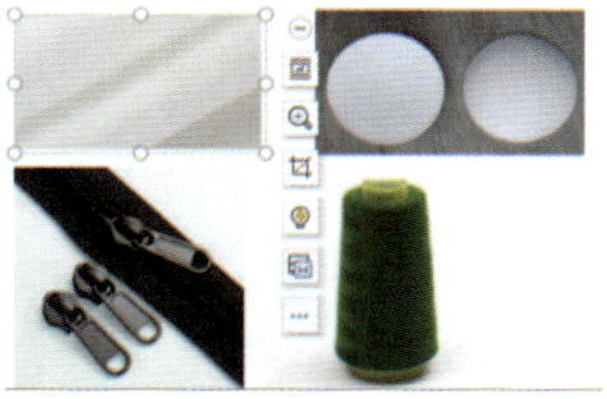	①拉链用于背心后背，使泳装可以穿脱
供应商	Ssenan、shehk、Esjnne		②乳胶用于袖窿、内裤
供应商代码	SHSXH–1782738		③里布用于底裆
颜色	乳胶松紧带、弹力网、里布、垫棉白色，拉链黑色，缝线蓝色与绿色		④弹力网用于前片固定垫棉

服装商品企划

4. 尺寸信息

尺寸信息一般为所有尺码的主要部位的成衣尺寸、档差及测量方法，并给出各部位合理的允差值（图4–44）。

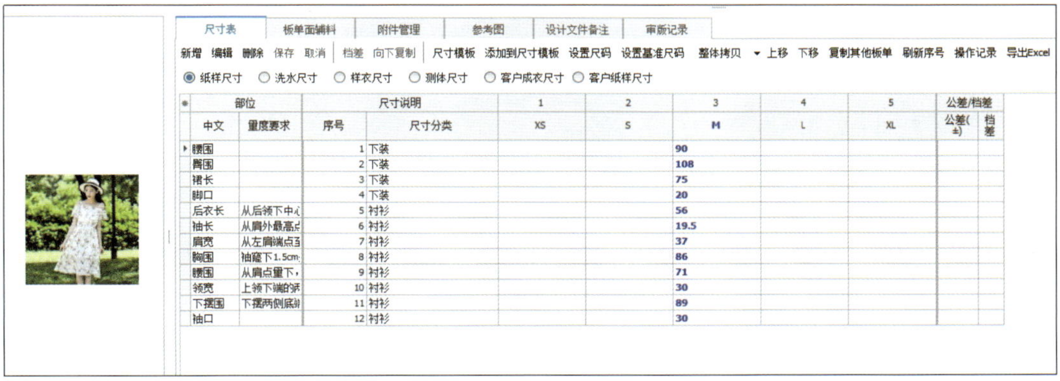

部位		尺寸说明		1	2	3	4	5	公差/档差	
中文	量度要求	序号	尺寸分类	XS	S	M	L	XL	公差(±)	档差
腰围		1	下装			90				
臀围		2	下装			108				
裙长		3	下装			75				
脚口		4	下装			20				
后衣长	从后领下中	5	衬衫			56				
袖长	从肩外最高	6	衬衫			19.5				
肩宽	从左肩端点	7	衬衫			37				
胸围	袖窿下1.5cm	8	衬衫			86				
腰围	从肩点量下，	9	衬衫			71				
领宽	上领下端的	10	衬衫			30				
下摆围	下摆两侧底	11	衬衫			89				
袖口		12	衬衫			30				

图4–44 尺寸及测量方法信息

5. 工序顺序及相关信息

根据样衣试制过程的样衣缝制顺序，按照生产厂商的实际情况将产品的缝制工序进行拆分，并合理编制工艺顺序，确定每个工序的名称、编号、使用的设备、工序工时及工价等信息（图4–45）。

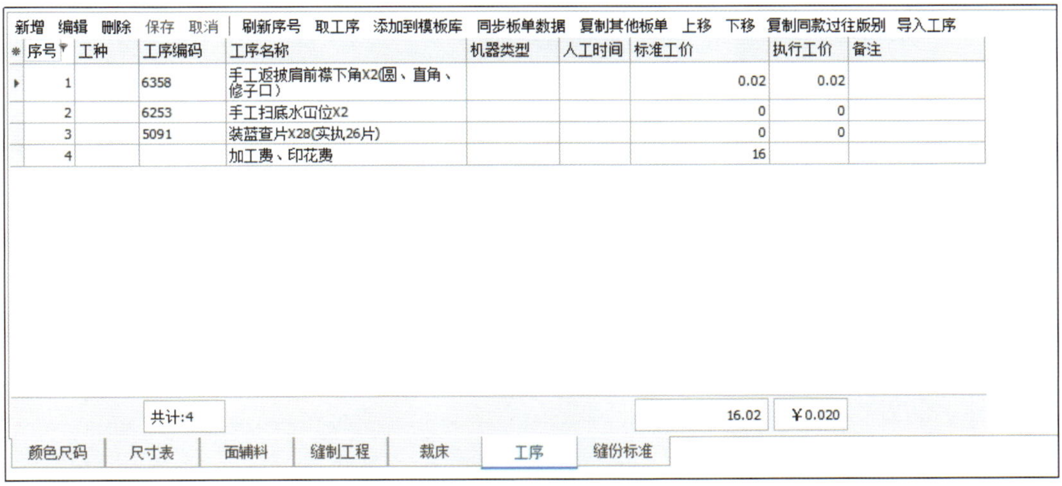

序号	工种	工序编码	工序名称	机器类型	人工时间	标准工价	执行工价	备注
1		6358	手工返披肩前襟下角X2(圆、直角、修子口)			0.02	0.02	
2		6253	手工扫底水口位X2			0	0	
3		5091	装蓝查片X28(实执26片)			0	0	
4			加工费、印花费			16		

图4–45 工序顺序及相关信息

6. 缝制工艺说明

用文字形式叙述主要部位以及各部件的缝制工艺要点，如部件尺寸、缝制方法、缝份宽度、缝份倒向、针距要求、黏合衬部位、缝制质量要求等（图4–46）。可以以图片形式，给出各缝合部位的缝型、线迹及细节要求等（图4–47）。

新增　编辑　删除　保存　取消　｜　模板　添加到模板　刷新序号　｜　上移　下移　｜　根据工序选择关联缝制工程　复制其他板单

	编号	名称	描述	创建人	创建时间	修改人	修改时间
	01	腰头:	腰头拼接对位于后中缝，前腰按纸样位置烫朴后直腰穿埸，腰内夹5cm宽橡筋（预缩水），上腰后腰面刮0.6cm宽散边，腰底为0.1cm单明线，除散边后腰头均分三等分测线，完成整体宽窄一致，缩骝均匀	1938034	2022-01-15 20:55:57		
▶	02	四合扣:	按纸样位置垫胆布贴胶后加胶垫片再打四合扣，分清左右，成品不可脱落，不可掉漆	1938034	2023-03-03 16:39:29		

颜色尺码　尺寸表　面辅料　**缝制工程**　裁床　工序　缝份标准

图4-46　缝制工艺说明

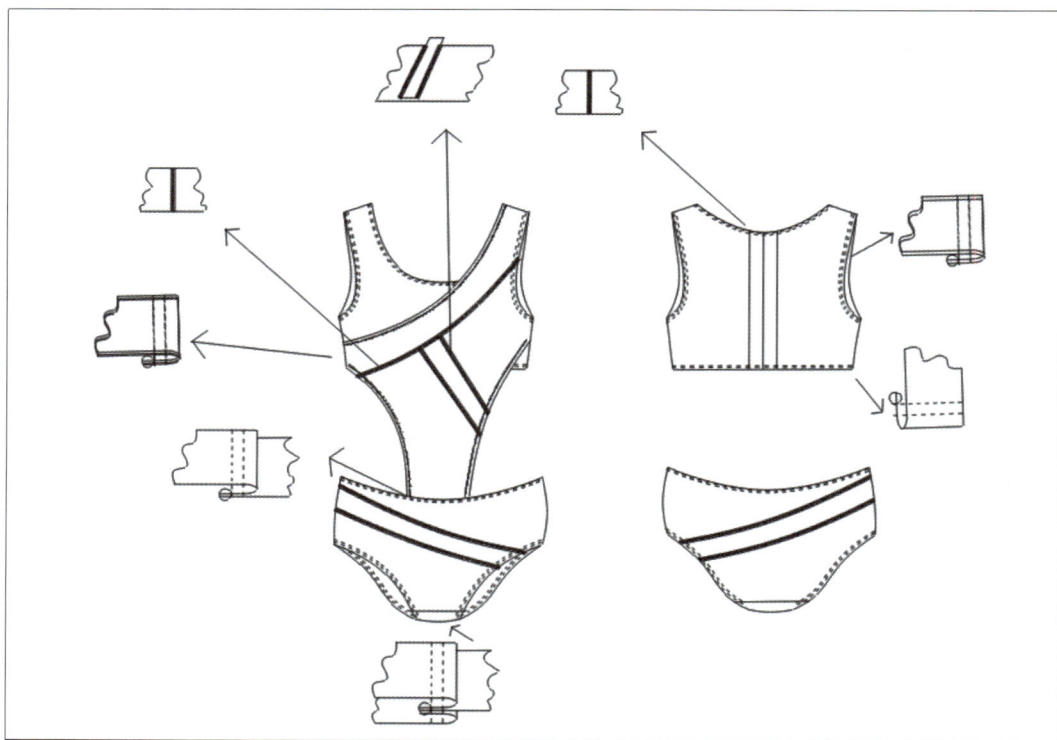

图4-47　缝型说明图

7.商标及洗水标签

工艺板单中还需要标记出商标及洗水标签的缝合位置及缝制工艺要求，如T恤衫、衬衫等品类的商标一般缝制在衣领后中部位，而风衣或棉服类后领贴为方形或菱形时商标钉在领缝向下2cm处，裤、裙类的商标单层钉在腰里后中；T恤、衬衣、单风衣类的洗水标签夹缝在左侧缝距底边12cm左右，风衣（有里料）、棉服夹缝在里料左侧缝距底边12cm左右，中长、长外衣夹缝在里布左侧缝距腋下点40cm左右；裤、裙类夹缝在左侧缝距腰缝向下10cm左右。

8.整烫要求

生产过程中的熨烫方式分为平铺式熨烫和吊挂式熨烫，熨烫方法主要有直接熨烫、垫干布熨烫或垫湿布熨烫，熨烫设备有熨斗、烫台和整烫机等。工艺板单中的熨烫部分需要根据不同的款式和面料选择熨烫方法和熨烫设备（如西装类一般用整烫机、毛绒织物类则需要用蒸汽熨烫），并标明整烫温度及熨烫过程的技术要点等。

9.包装方法

工艺板单中关于包装的内容主要有包装方法、包装材料、折叠方式、标识牌悬挂方法等，需根据品类及款式、销售过程需求、运输方式等信息确定包装过程的操作方法和要求，并用文字或图片形式进行解释和说明（表4-11）。

（1）包装方法。主要有折叠法和吊挂法，如西装、内衣等产品需要采用吊挂式包装以包装产品的立体效果。

（2）包装材料。主要有胶袋、隔纸、包装盒、包装纸袋及固定材料等。

（3）折叠方式。如T恤、衬衣类，一般为两袖反折，再上下对叠，前片在正面；裤类一般为左右对叠，再1/3折叠，门襟一面在正面；半身裙类一般为上下1/2对叠，门襟一面在正面。

（4）标识位置。上装的商标吊牌处于明显位置，主吊牌（条形码）、合格证、免烫吊牌依次用尼龙针钉在尺码标背面。下装的标识牌也可挂于裤串带上。

表4-11　包装方法

款号	WSS-11-121				季节	春秋2021	交货期	18/01/2021
款式品种	休闲家居服				类别	常规	制单号	111-201
设计者	LUO				尺码类别	S-XL	填发日期	18/10/2020
送货地区	尺码/每箱数量（件）				合计（25箱）6350件	说明		
	S	M	L	XL				
广东	6	15	28	11	×25=1550			
江苏		25	12	8	×25=1125			
山东		16	12	6	×25=850			
北京	7	17	14	5	×25=1075			
河南		14	14	4	×25=800			
浙江		22	12	4	×25=950			
填发日期	18/10/2020	负责人				经办人	页码	5

第四章　产品设计企划

10.装箱分配方案

装箱分配方案的主要作用是将所有产品的尺码、颜色和数量进行合理分配，以满足运输及店铺销售的要求。包装工人需按照装箱分配方案给出的箱数和每箱里的件数、尺码和颜色进行包装操作（表4-12）。

表4-12　装箱分配表

箱号	箱数（箱）	总数（件）	颜色	尺码				
				8码	10码	12码	14码	16码
1～26	26	624	红	2	2	5	2	2
			蓝	1	2	4	2	2
27～52	26	624	红	1	3	6	3	1
			蓝	1	1	4	3	1
53～58	6	144	红	1	3	5	3	1
			蓝	2	1	4	3	1
59～66	8	192	红	1	3	5	3	1
			蓝	1	1	4	4	1
67～70	4	96	红	1	4	5	4	1
			蓝	1	1	4	2	1
71	1	4	蓝	0	0	4	0	0
合计	71	1684						

二、物料清单

物料清单也称BOM（Bill of Material）清单。狭义的BOM清单指的是展示产品所需要的材料，零部件的价格、用途、性能、用量及其组成结构的技术文件（图4-48）。广义的BOM清单除了物料清单之外，还包括物料损耗情况、工艺路线、工艺参数、质量标准、替代物料和AVL（Approved Vendor List核准供应商名单）等内容。

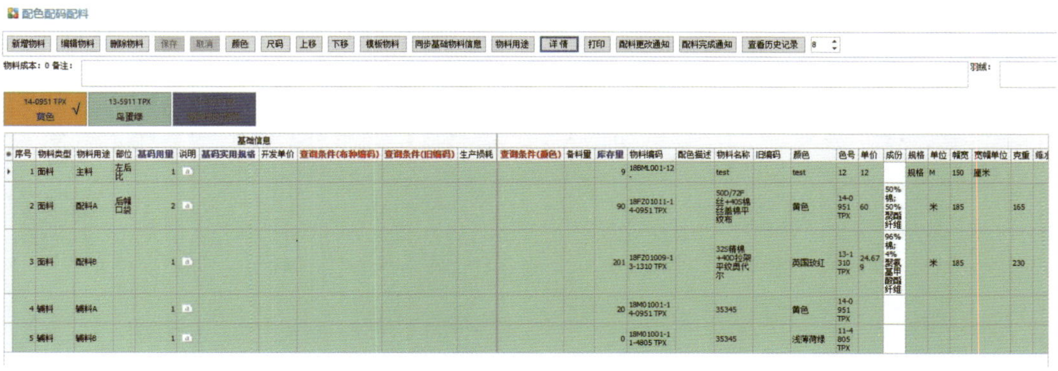

图4-48　BOM清单

BOM清单是ERP（Enterprise Resource Planning，企业资源计划）、PDM（Products Data Management，产品数据管理）、MRP（Material Requirement Planning，物资需求计划）、MRPⅡ（Manufacturing Resource Planning，制造资源计划）等管理系统的重要文件之一，是实现CIMS（Computer/contemporary Integrated Manufacturing Systems，计算机/现代集成制造系统）的关键，是企业开展生产组织、库存管理、成本核算等工作的重要依据，是企业进行标准化、信息化、数字化和智能化生产的重要基础。

1.物料清单的主要用途

（1）清单上物料的编码是管理系统中识别物料的基础依据。

（2）清单里的物料列表是采购、配料和领料的依据。

（3）清单里的工艺路线和参数是编制生产计划的依据。

（4）根据清单里的工艺路线，可以进行加工过程的跟踪和物料追溯。

（5）物料价格和数量是进行产品报价的参考和成本核算的依据。

（6）可以让物料管理标准化、信息化和智能化。

2.物料清单的基本内容

（1）材料基本信息：包括从面料、辅料到包装材料的所有物料，以及每个物料的编号、品类、材质、型号、P/N（Product Number供应商的产品代码）等。

（2）材料的功能和用途。

（3）材料的价格。

（4）材料的用量及单位。

（5）材料的工艺参数及工艺路线。

（6）材料的品质标准。

（7）材料的领用部门。

第五节　商品数据

一、成本预算

狭义的产品成本预算是指一定预算期内每种产品的生产成本的规划，广义的产品成本核算指的是每种产品的单位产品成本、生产成本、销售成本、库存成本等内容的规划。产品成本预算应包括物料（包含包装材料）预算、人工预算、制造费用预算、特殊工艺费用预算等，如有外发过程则需增加外发费用预算，以及其他间接用于产品生产和销售的费用预算（图4-49）。

合理的成本预算可以作为成本管理的目标和依据，促使品牌有效地利用品牌资源，降低物料、人力等资源的消耗，控制总成本，在保证品质和利润的前提下，以尽可能少的耗费获得较好的经济效益，提升品牌的竞争力。

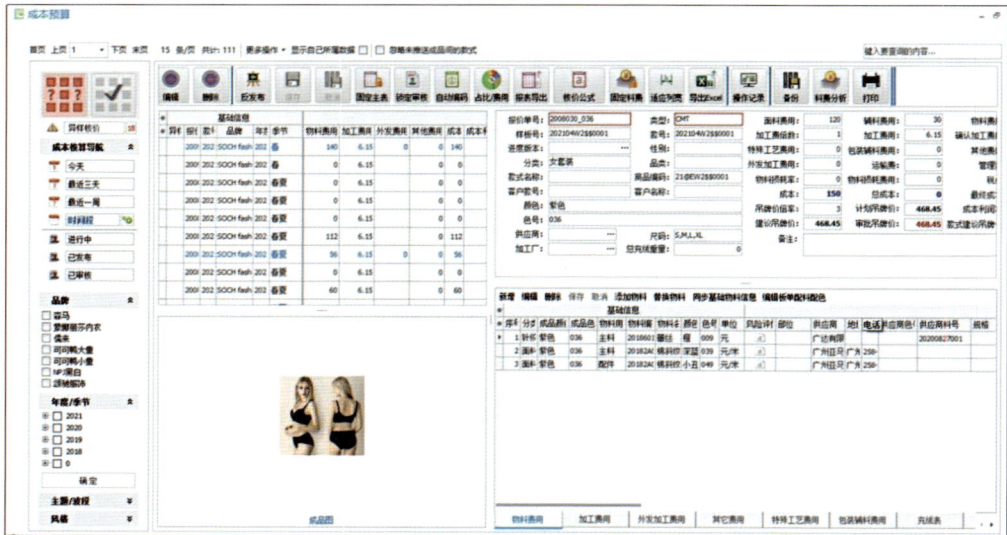

图4-49　产品成本预算

1.成本核算

成本预算的依据一般为以往类似产品的成本数据以及市场行情变化情况，因此需要进行产品成本核算，得到产品的成本数据。成本核算是指把每个产品生产过程中所发生的费用，如面辅料费、加工费、特殊工艺费、包装材料费、管理费、运输费等，进行分类归集、汇总、核算后，分别计算出各种产品的实际成本和单位成本等（图4-50）。通过成本核算，

图4-50　产品成本核算

可以明确产品生产各环节所消耗的资源数量和价值，了解品牌真实的成本水平，检查和测量成本控制工作和成本改善的实际效果，进而检验品牌成本管理决策的正确性和准确性，因此，成本核算的结果直接影响成本预算、成本分析、成本改善和绩效考核等工作的开展。

进行成本核算需要收集所有费用的原始记录，本着完整性、唯一性、及时性、一致性、真实性、准确性和可操作性等原则，对所有费用进行合理分类，正确划分各种费用的界限，确定各种资源的计价和结转方法，选择合适的计算方法计算出各项成本和总成本。

2.成本表单

成本表单能够反映产品的生产费用和产品成本的构成及其升降变动情况和趋势，可以用来检验生产成本计划和改善方案的执行情况。简单的成本表单一般以表格形式详细地记录产品成本构成的具体项目及各种相关信息；复杂一些的成本表单还包括成本构成项目的汇总、占比、分析结果等内容，可以用图片表示。

成本表单按照内容可以分为单位产品成本明细表、成本核算明细表、分类成本核算表、成本分析表等。如表4-13所示为某款翻领宽松衬衣的成本明细表，包含了所用材料的明细（如材料类型、材料编号、供应商信息、材料型号和尺码、材料用量、材料单价等），加工费及总成本等；如表4-14还包含了各项费用的占比饼图，如表4-15所示为某款翻领宽松衬衣的材料成本核算表。

表4-13　某款翻领宽松衬衣成本明细表　　交易形态：CMT

设计款号：180209D-19C	翻领宽松衬衣	生产款号	180209D-19C	生产数量		颜色	牛仔蓝	加工厂	
主料明细	面料编号	供应商	物料明细（型号、名称）	布封（cm）	损耗	单位用量	单位	单价	金额	备注
面料A	183011001510	A2	COD2002-03/COD2002-03		0	1.434	米	29.397	20.5	
朴	181013001901		G3012-3/26/朴G3012-3/26	150cm	0	1.434	米	0.12	1	
						主料明细	合计		29.517	
辅料明细	辅料编号	供应商	型号	大小	损耗	单价用量	单位	单价	金额	备注
吊牌	183713001101		M189吊牌		0	1		2	2	
NJ-3-16	183214002705102	L6	NJ-3-16	18L	0	10		1	10	
洗水唛	183413001101		D206-1洗水唛			1		1	1	
D298古琴大织唛	1834110011002	N5	D298A古琴大织唛			1		1	1	
202支线面线	1811010011014501		配3002#或3001#	602		0		1	0	
602支线面线	1811010021014501		配3002#或3001#	602		0		1	0	

辅料明细	辅料编号	供应商	型号	大小	损耗	单价用量	单位	单价	金额	备注
402支细线（底线）	181101003 1014502		配布色	402	0			1	0	
0.3cm织带	181599001 1005312	L28	3mm织带	3mm	0.06			2	0.12	
码唛（分码数）	181412001 101		D213A白		1			1	1	
染色制品唛	191415001 901		D215B黑		1			2	2	
染色制品吊牌	191715001 101				1			1	1	
介绍信吊牌	193713001 101701	O3	介绍信吊牌	介绍信	1			1	1	
贴纸（有款号）	181716001 000		贴纸（有款号）		1			1	1	
								小计	20.12	
加工明细										备注
						1	100	100		
						加工明细	小计	100		
						工厂成本（不含我司辅料）				
						单农成本（我司提供辅料）				
						总成本合计				
						零售价				

审批：　　　会计：　　　跟单：　　　制表时间：2021-03-25-10:47

表4-14　某款翻领宽松衬衣成本明细及占比表

款式名称（设计款号）	翻领宽松衬衣（180209D-19C）	生产款号	180209D-19C	生产数量		颜色	牛仔蓝	加工厂	
主料明细	面料编号	供应商	物料明细（型号、名称）	布封（cm）	损耗	单位用量	单位	单价	金额
面料A	183011001510	A2	00D2002-03/C0 D2002-03		0	1.434	米	29.39	42.1
朴	181013001901		G3012-3/26/朴 G3012-3/26	150cm	0	1.434	米	2.2	3.2
							合计		45.30
辅料明细	辅料编号	供应商	型号	大小	损耗	单件用量	单位	单价	金额
吊牌	183713001101		M189吊牌		0	1		2	2
NT-3-16	183214002705102	L6	NT-3-16	18L	0	10		1	10
洗水唛	183413001101		D206-1洗水唛			1		1	1

服装商品企划

辅料明细	辅料编号	供应商	型号	大小	损耗	单件用量	单位	单价	金额
D298古琴大织唛	1834110011002	N5	D298A古琴大织唛			1		1	1
0.3cm织带	1815990011005312	L28	3mm织带	3mm		0.06		2	0.12
码唛（分码数）	181412001101		D213A白			1		1	1
染色制品唛	191415001901		D215B黑			1		2	2
染色制品吊牌	191715001101					1		1	1
介绍信吊牌	193713001101701	O3	介绍信吊牌	介绍信		1		1	1
贴纸（有款号）	181716001000		贴纸（有款号）			1		1	1
								合计	20.12

加工明细	数量	单价	金额						
加工费	1	100	100						
								合计	100
								总计	165.42

	占比（%）	占比（%）
主料	27.4	45.3
辅料	12.2	20.12
加工	60.5	100

成本占比

表4-15 某款翻领宽松衬衣成本核算明细表

系列名称：翻领宽松衬衣　　　设计号：180209D-19C　　　FOB：_____　　　客户代号：_____
款式：_____　　　款号：_____　　　CMT：_____　　　制单日期：2019.03.21

（1）面料类											
序号	供应商	地址/电话	布料名称	颜色代号	部位	克重/成分	幅宽（m）	单价¥kg/m/y	实际用量（kg/m）	税点金额	金额/件
1	A2		COD2002-03/COD2002	牛仔蓝	面料A	0C		20.5	1.43	2.35	31.75
2			朴G3012-3/26/G3012	黑	朴		150cm	1	0.12	0.01	0.13
3									0.00	0.00	0.00
4									0.00	0.00	0.00
5									0.00	0.00	0.00
6									0.00	0.00	0.00
7									0.00	0.00	0.00
8									0.00	0.00	0.00
										小计	31.88

（2）辅料类								板图
序号	供应商	地址/电话	产品名称	单价（￥m/粒/对）	实际用量（m/粒/对）	税点金额	金额/件	
1			M189吊牌/吊牌	2	1	0.16	2.16	
2	L6		NJ-3-16/NJ-3-16	1	10	0.80	10.80	
3			D206-1洗水唛/洗水	1	1	0.08	1.08	
4	N5		D298A古琴大织唛/D2	1	1	0.08	1.08	
5			配3002#或3001#/202	1	0	0.00	0.00	
6			配3002#或3001#/602	1	0	0.00	0.00	
7			配布色/402支细线	1	0	0.00	0.00	
8	L28		3mm织带/03cm织带	2	0.06	0.01	0.13	
9			D213A白/码唛（分码数）	1	1	0.08	1.08	
10			D215B黑/染色制品	2	1	0.16	2.16	
11			/染色制品吊牌	1	1	0.08	1.08	
12	03		介绍信吊牌/（介绍信）	1	1	0.08	1.08	
13			贴纸（有款号）/贴	1	1	0.08	1.08	
小计							21.73	
包装面辅料费用	其他0.39元，如：肩膊0.02元/件，线0.05元，唛头/吊牌共0.16元/套，贴纸板/拷贝纸0.035元/套，吊粒0.022元/个，纸箱、编织带0.1元/件			0		0.00	0.00	
小计							21.73	成本类别 ｜ 金额

二、商品SKU

SKU（Stock Keeping Unit）是产品入库后一种编码归类方法，用以计量库存进出的基本单位，包含一种产品的品牌、型号、配置、等级、包装容量、单位、生产日期、保质期、用途、价格、产地等属性，当其中任何一项有所不同时，则可称为一个货品，因此SKU可以用来定义某个特定的货品，每一个独立存在的货品都有一个唯一的SKU编码。如图4-51所示商品的SKU编码为B18XDC003，代表该商品是"广州雅迅"品牌、2018年夏季第一波、主题为"静谧"的基本款长袖衬衣中的003号。

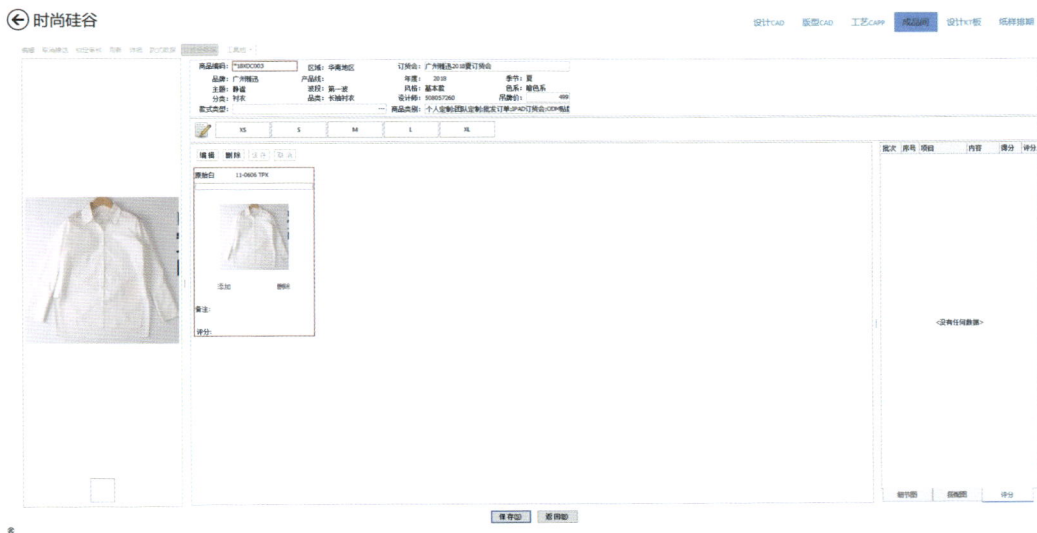

图4-51　某商品的SKU编码

1. SKU编码的作用

（1）用以区分不同的货品并通过SKU编码快速找到所需的货品。

（2）收集商品销售相关数据，进行销售情况和趋势分析。

（3）统计库存信息，掌控库存数量，进行库存管理。

（4）辅助销售过程中的配货和调货，提高销售效率和客户满意度。

（5）吸引消费者提升销售机会，降低竞争对手的竞争机会。

（6）统计跟商品相关的工作量，用于任务分配、工作评价和绩效评估等（图4-52）。

2. 编码步骤

（1）确定层级数量及每层的属性，如第一层为品牌、第二层为年度、第三层为主题/波段等，用以逐步缩小范围，直至可以精准找到商品所属的最小类别。

（2）建立可供选择的属性菜单，如品牌菜单里的森马、蒙娜丽莎内衣等，用以定位商品在每一层级的属性。

（3）确定商品在最后一个层级里的编号，如001、0001等，用于最终找到对应的商品（图4-53）。

3. 编码原则

（1）唯一性。一个SKU编码只能对应一个商品，不能通过查询某个SKU编码而找到多

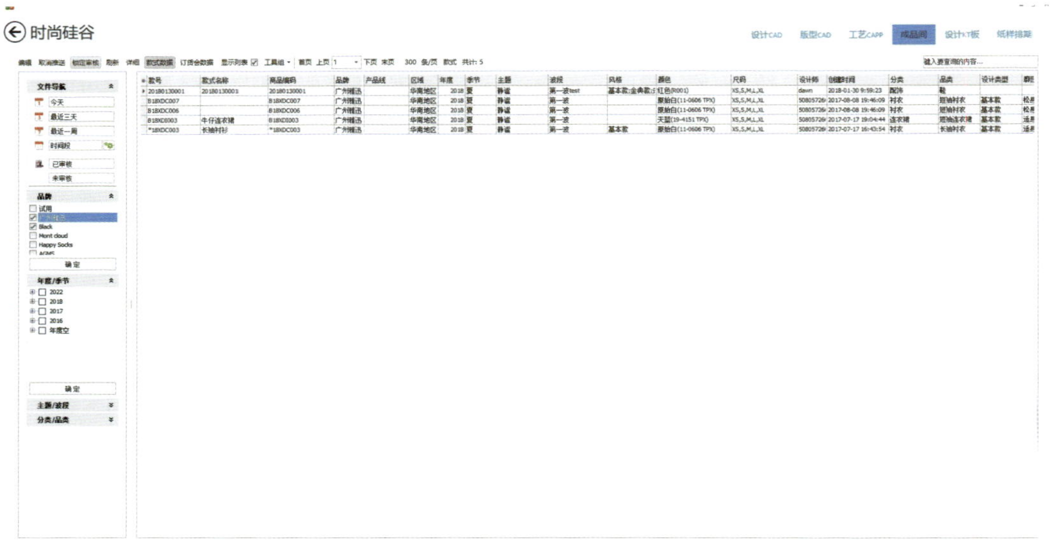

图4-52　商品SKU编码用于统计款式数据

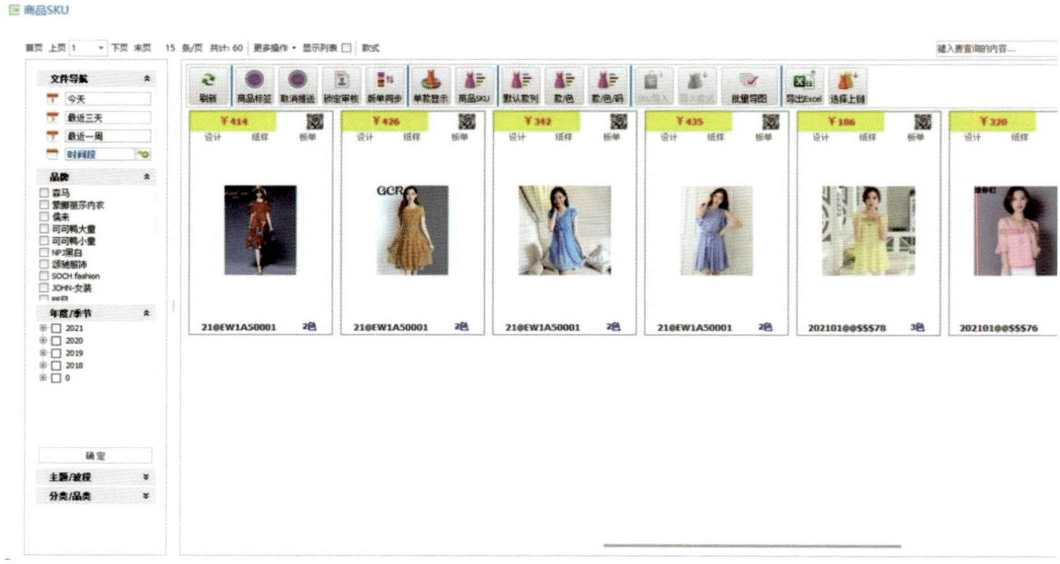

图4-53　商品SKU编码编制

个商品，否则会出现数据混乱，导致统计数据不准确。

（2）延展性。随着品牌的发展，商品日积月累越来越多，因此在SKU编码的设计过程中要做长远考虑，编码规则具有较强的延展性，能够不断进行扩充，以容纳更多的商品。

（3）简洁性。为了方便记住，SKU编码一般由文字、英文字母和数字组成，尽量避免用特殊字符和空格，并且要注意编码的总长度不宜过长，尤其是数字不宜超过10位数。

（4）差异性。各品牌需与竞争对手设置不同的编码规则，以减少竞争对手用相同或相近的编码争抢消费者。

（5）关联性。不同的品牌、供应商、生产厂商一级销售渠道、电商平台等常常会有不同的编码规则，因此，需要双方在对接业务时将各自的SKU编码进行关联或者规则关联，以确保相关工作的顺利进行。

4.编码的表现方法

（1）文字介绍。用文字叙述商品的各层级属性，或者用简洁的文字代表某一层级的某一类别，如在品牌层中直接用品牌的文字名称。

（2）图片展示。为商品拍摄正面、背面和特征细节照片，用照片直观展示商品特征和差异。

（3）字母数字组合。用字母和数字的排列顺序代表不同的层级，每个层级里用字母或数字确定具体的类别，如图4-51中的商品SKU编码为"B18XDC003"，"B"表示品牌为"广州雅迅"，"18"表示年度为"2018年夏季"，"X"表示为夏一波段静谧主题，"D"表示颜色为白色，"C"表示品类为衬衣类，"003"表示为第3款。

（4）条形码。条形码是用多个宽度不等的黑条和间隔（白条）表示不同的层级，按照一定的编码规则进行排列，用以表达各个商品的各种信息（图4-54）。利用光电扫描设备识读这些条形码符号，进行自动识别，可快速、准确地把数据录入计算机进行数据处理。

（5）二维码。二维码（2-dimensional bar code）是用若干个不同的几何图形表示文字和数据信息、按一定规律分布在平面上后形成的一个特定的图形，通过图像输入设备或光电扫描设备进行自动识读，可以实现信息的收集和自动处理。

图4-54　条形码

第六节　设计研发分项总览

在设计研发过程结束后，需对整个流程中的各个环节的工作内容和结果进行汇总，得到关于研发成本、款式和样衣数量、订单结果等方面的数据和资料。这些数据和资料经过整理和分析之后，可以用于研究设计研发过程的实际工作情况和出现的主要问题，检验产品设计企划方案的实施效果，确定改进方向和目标，为下一季（和波段）的企划方案提供依据，进一步提升企划方案的合理性、可行性和有效性。

一、成本总览

1.单件产品成本汇总

单件产品成本是以单件产品为统计对象，汇总每一件样衣（或商品）的各项成本明细，计算出成本总额，并以此为依据给出吊牌价格（图4-55）。

2.设计研发总成本汇总

设计研发总成本是以研发部门为统计对象，汇总该部门研发过程中的所有成本明细，为明确成本的分布统计时可按产品品类、季节（或波段）、成本类别等方式进行分项汇总，计算出部门用于设计研发的各分项的成本总额和总成本。

3.分项成本占比

成本占比是在统计出各分项成本和总成本的数据后，算出各分项成本的占比，以饼图等图片形式更加直观地展示总成本的构成和分布情况（图4-56），也可以用柱状图、条形图、面积图等进行费用占比排序。如果将同期的数据进行对比分析，还可以找出成本分布和占比的变化趋势。

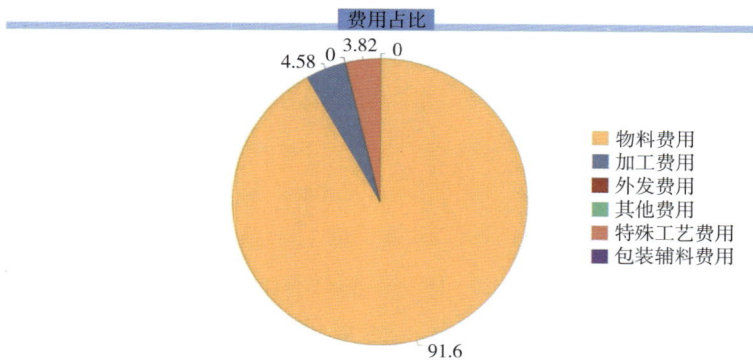

图4-56　某产品各项费用占比（%）

二、样衣总览

样衣总览部分的主要工作是统计设计开发的所有款式的所有样衣的相关资料，记录样衣制作的数量、版本、用途、时间、设计者、制作人等。经过汇总和分项显示之后，可以了解样衣的总数量和分类信息，如每个品牌各年度、各波段、各品类、各设计师的样衣总量（图4-57），可以以此为依据进行设计生产成本、员工工作量和绩效等方面的分析和评判工作。

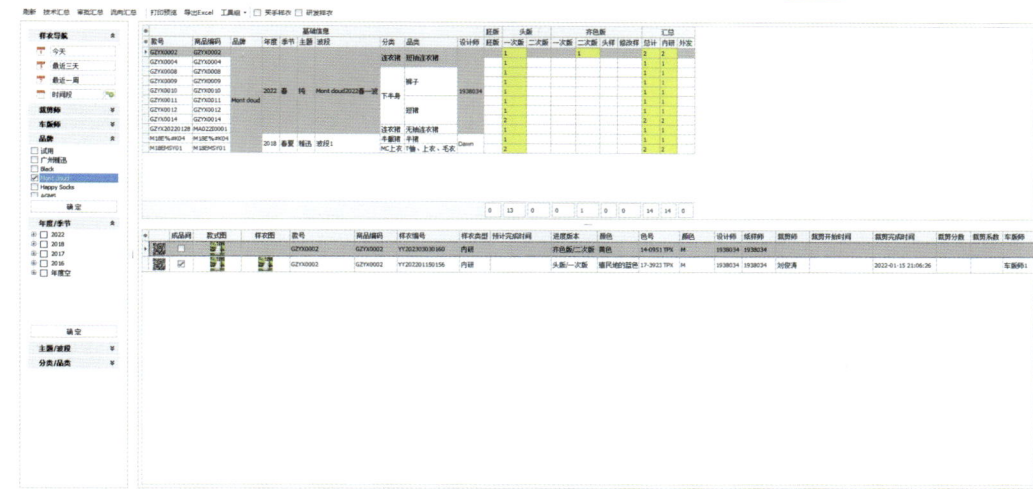

图4-57 样衣信息汇总

三、款式总览

　　款式总览指的是以产品款式为分类标准汇总设计研发过程中的相关信息，记录设计开发过的每一款产品的品牌、年度（或季节）、主题和波段、款式及色彩、面辅料配置、样衣及版本、设计及生产进度等内容（图4-58），以此来了解设计师和设计部门在款式设计方面的工作情况和成效。

图4-58 款式信息汇总

为了了解更加详细的产品款式信息，在款式总览部分可以按照品类、按颜色、按辅料明细等项目进行显示（图4-59、图4-60），从不同的角度了解和掌握产品款式设计的具体情况。

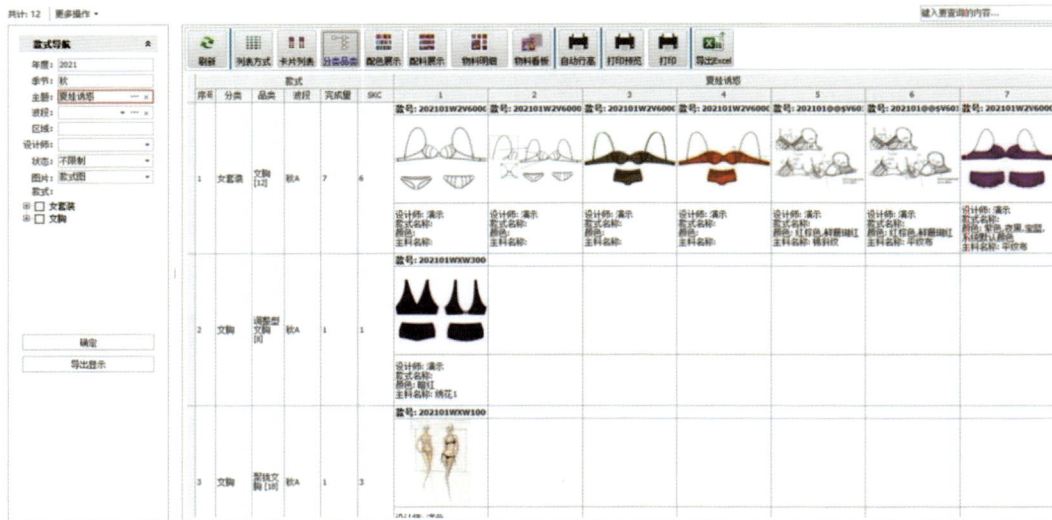

图4-59　按品类显示的款式信息汇总

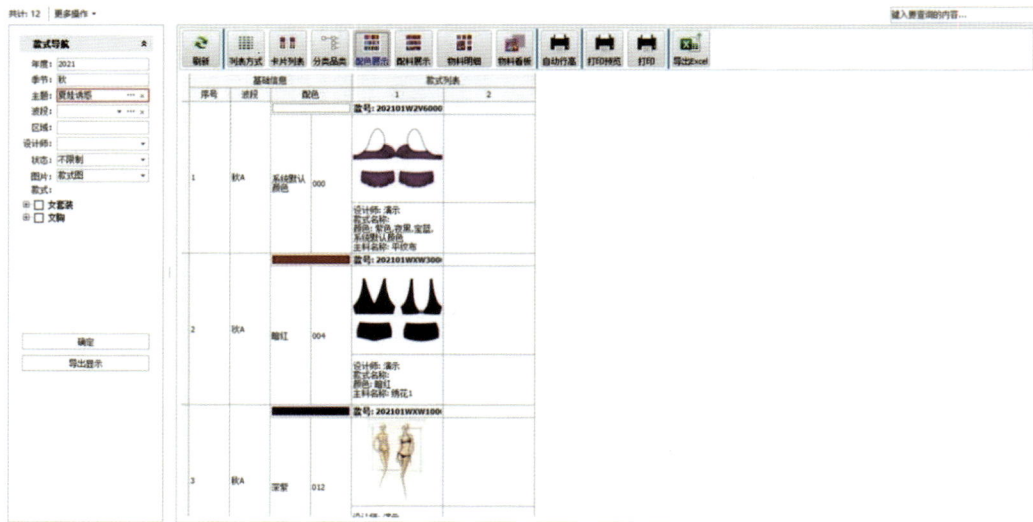

图4-60　按颜色显示的款式信息汇总

款式总览部分还可以显示款式设计任务的完成情况，如各品类的款式规划量和实际设计数量，以及各品类制板、上订货会和被下单的款式数量等信息（图4-61），以此可以分析订货商的喜好、设计师的设计能力，作为绩效考核和绩效分配的依据。

服装商品企划

图4-61　款式设计汇总

第七节　绩效统计

在产品设计工作结束后，需要对整个过程及相关人员的工作情况进行必要的考查和评价，以掌握部门和个人的业绩和效率情况，找出存在的问题和超出预期的地方，更加切实地做好绩效目标和计划制订、考核和评价、绩效分配、绩效目标持续改进等绩效管理工作。

产品设计部门的绩效考评主要从任务数量、完成数量、完成质量、工作效率及投入成本等方面考核和评价部门和个人的绩效完成情况，需要有真实、准确的数据和资料作为依据，因此，绩效统计一般包含周期统计、款料统计、设计统计和技术统计等几个方面。

一、周期统计

在企划方案中明确了各项工作的时间安排，如果任何一个环节出现延迟，都会对下一个环节的正常进行造成极大的困难和压力，甚至会影响产品销售，因此，各个环节对工作进度的控制尤为重要。在产品设计开发过程中，要时刻掌握设计、审核、样板制作、打板、放码和物料准备等工作的进度，及时发现问题并尽快解决，以确保产品设计环节能够按时、按质、按量完成相关工作。

在进行周期统计时需给出每个款式（样板）的详细信息（如版本、品类、设计者等），并用不同颜色标注其处在设计审核、打板、裁剪、车缝、放码、物料等的哪个环节，更加直观地显示工作进度情况（图4-62），管理者一旦发现某个环节的工作未按时间计划完成，则需立刻找到对应的工作人员询问原因，并寻找解决方案以尽快完成。

第四章　产品设计企划

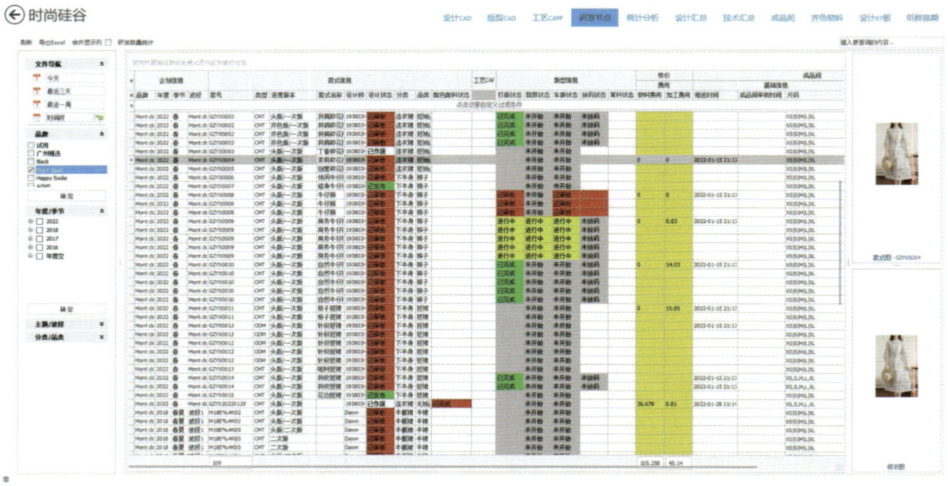

图4-62　产品设计周期统计

二、款料统计

款料统计主要显示各款式和面辅料之间的配比情况，如哪种物料用于哪个款式、用量是多少、用途是什么等。款料统计主要包括配料展示、面辅料明细、面辅料看板等。

1.配料展示

配料展示表里统计了每一种物料的材质等基础信息，分别用于哪个时段、什么主题、哪些品类，以及具体的颜色和具体的款式等（图4-63），从列表中可以清晰显示出各种物料的应用和与款式的配比情况。

图4-63　款式配料展示

服装商品企划

2.面辅料明细

在面辅料明细表里除了面辅料的基本信息之外，还统计了各种面辅料的用途、用量和供应商等信息（图4-64），可以作为制订裁床分配方案、排料和采购等工作的基础数据，进而预估出样衣制作和大货生产所需的大致用量，可用于物料用量管理、采购部门与供应商协商采购细节等工作的参考资料。

图4-64 款式面辅料应用统计

3.面辅料看板

在面辅料看板里按照面料、辅料等类别，分别统计了应用到的所有材料的名称和用途，以及应用的颜色及该材料的使用次数（图4-65），清晰地展示了各种材料的应用情况，可以看出哪种面辅料更为流行、应用范围更广。

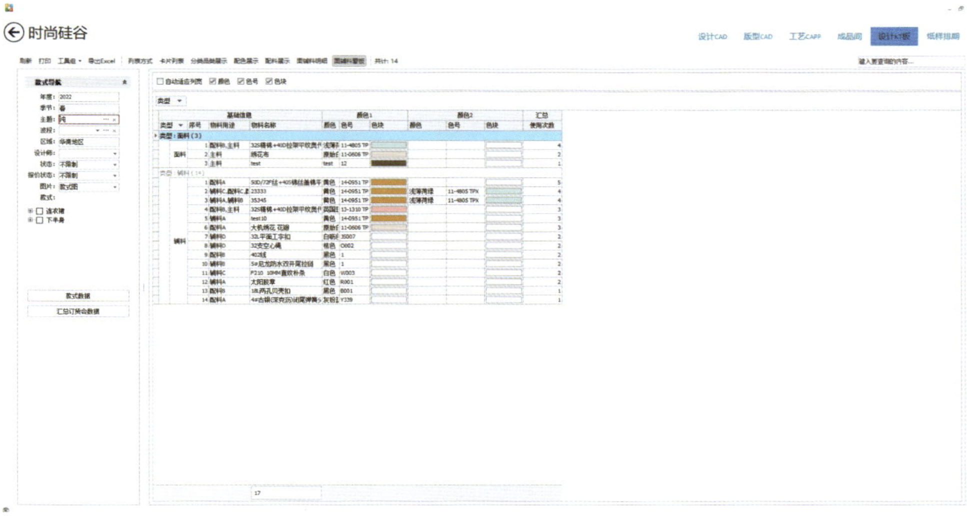

图4-65 款式面辅料看板

三、设计统计

设计统计主要显示设计研发的所有款式及配色情况，以及入选订货会和成功下单的款式和款数，还可以链接销售数据显示每个款式的销量情况。设计统计的结果可以用以管理和考核设计师的工作绩效。

设计统计部分从各款产品的品牌、年度、主题、波段、产品分类、品类、进度及设计师等几个方面汇总了该产品的款式设计情况（图4-66），可以详细且清晰地了解各产品的款式设计情况，还可以分品类、配色、面辅料应用等项目进行分类显示，如图4-67所示是以配色方式显示的2022年春一波的不同颜色对应的款式设计统计。

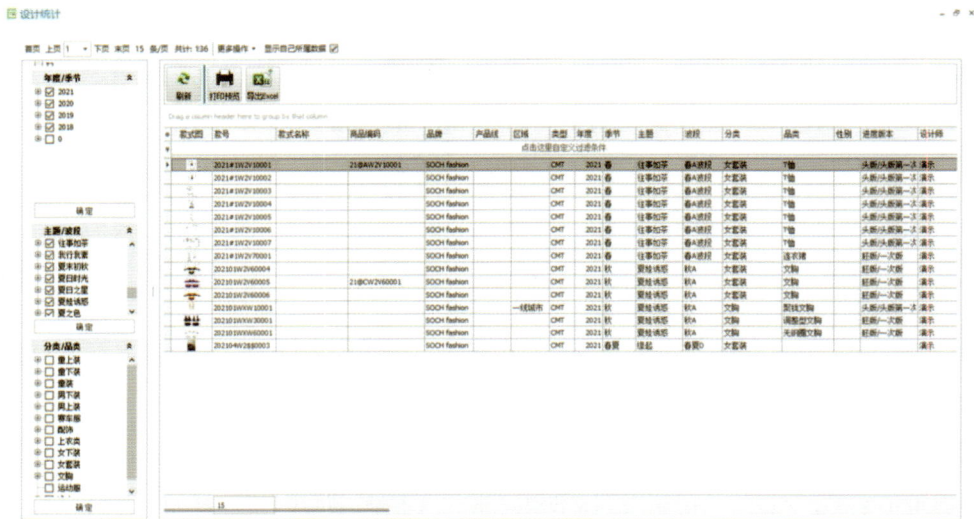

图4-66　产品设计统计

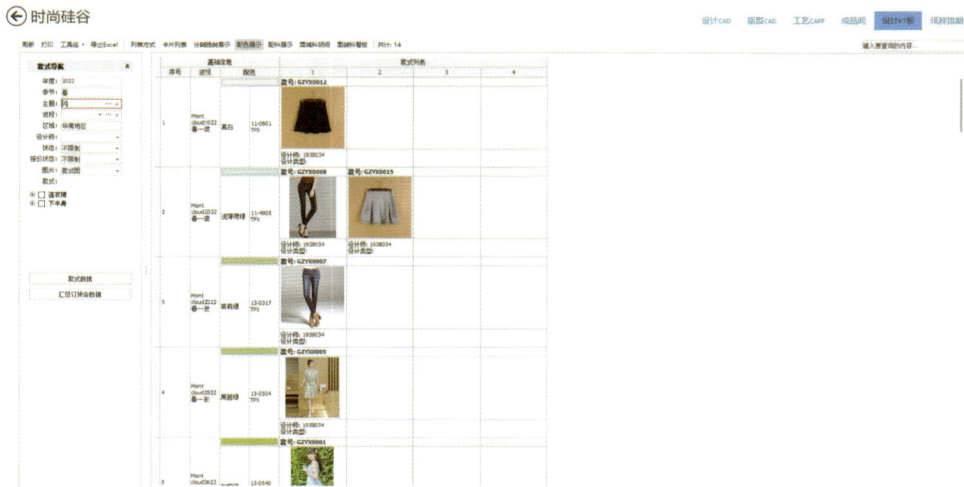

图4-67　以配色显示的设计统计

服装商品企划

四、技术统计

技术统计主要显示的是产品制板过程中各款式纸样和样衣的工作进度和成果情况。技术统计部分记录了每个款式的纸样和样衣的版本信息，如版本类型、制作人、开始时间和结束时间等（图4-68），还可以分别统计各纸样师和样衣师的工作内容和工作量（图4-69）。通过技术统计，可以清楚地了解所有纸样师和样衣师的工作量安排和工作进度，因此，技术统计结果可以用于管理样衣制作过程、评价纸样师和样衣师的工作能力、考核纸样师和样衣师工作绩效的基础资料。

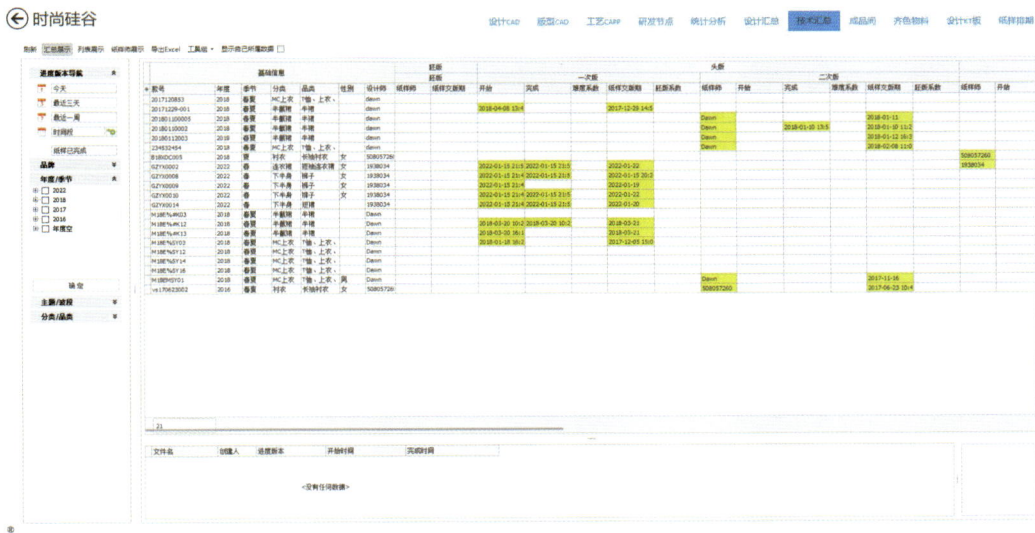

图4-68　技术统计

图4-69　纸样师技术工作量统计

PART

5

产品供应企划

在销售过程中，所有待销售的产品需按照销售时间、品类、款式和数量提前完成生产后分批进入店铺，为确保产品顺利完成生产并及时运输到店铺进入销售环节，必须做好产品供应企划，从产品的上市时间，逆向推出产品到店、出厂、包装、缝制、裁剪和面料采购的周期和开始时间，确定每个步骤和环节相关工作的时间节点，做好日程计划并严格按照计划执行。

产品供应企划的主要内容包括面辅料采购企划、产品生产企划、店铺陈列企划等。

第一节　面辅料采购企划

产品生产过程中的面辅料品种繁多，合理选择和使用面辅料，可以提高生产效率、降低生产难度、提升产品品质、降低成本。大部分服装品牌公司生产采用的面辅料需要从公司外部进出采购，为确保能够获得符合设计、品质要求的面辅料，且能够满足生产的时间和数量要求保证产品生产的顺利进行，企划部门需要做出面辅料采购的时间和工作安排，制订面辅料采购方案，如面辅料采购计划、供应商管理、采购及库存控制等。

在产品的设计开发和生产过程中，都需要用到面辅料，只是品种、用量和时间要求会有所差异，因此，面辅料采购又分为开发采购和大货采购，采购的方法、过程和要求各不相同，企划部门需要与相关部门进行及时、详细的沟通，按照各自的时间和要求制订合适的采购方案。

一、面辅料采购计划

1.采购计划分类

产品设计和生产过程的不同环节对面辅料的用途、数量、时间、成本等的要求也有所差别，因此，在制订采购计划时需要了解采购的物料是用于哪个环节，确定具体的采购时间和数量。采购计划分为产品开发采购、大货生产采购等类型。另外，因品牌经营模式不同，产品的生产过程也会有所差别，因此，采购计划又分为直营模式采购和订货模式采购。

（1）产品开发采购。产品开发采购指的是在产品设计开发过程中采购用于制作样衣的面辅料。但是制作样衣时，不一定都要用和最终产品一样的面辅料，如进行坯板试制时，只需要现有的白坯布和相似的辅料即可，或者本季的面辅料与上一季或去年同期产品相似时，则可使用前一季留存的面辅料，以节约成本。

当制作定制款、订货和大货生产所需的样板时，则需要按照款式设计需求采购相应的面辅料，但是由于数量较少，往往不需要找面辅料生产商订购，可到面辅料市场进行询价限购。当对面辅料有特殊要求需要进行面辅料定制时，则需与面辅料生产商协商具体的内容，如面辅料的材质、颜色、图案、时间和价格等。

（2）大货生产采购。大货生产采购指的是采购产品生产过程中用于产品缝制所需的面辅料。大货生产采购的数量由产品的款式、颜色和预计销售量等因素决定，而且，往往需要采购生产所需的全部面辅料。如果大货生产所需的面辅料为普通、常见的基础材料，面辅料生产商和经销商一般会有一定的库存，可以在较短时间内完成备货，因此，即使数量较大也不需要太长的采购周期，且价格合适。如果所需的面辅料具有一定的特殊性，面辅料生产商和经销商可能没有库存，或者需要生产商重新开版进行生产，采购则往往需要较长的时间和较高的价格，因此，在产品设计开发时就需要与面辅料生产商沟通，协商材料要求、时间和价格等相关内容。

（3）直营模式采购。直营模式的品牌一般根据本品牌同期的销售情况以及本季（或波段）的销售目标制订销售量，并以销售量确定产品的生产量，因此可根据款式设计及样衣试制情况，确定相关面辅料采购的品类和数量，提前与供应商协商订货相关事项，确保订货量，满足产品生产要求。

直营模式的品牌产品一般按销售时间进行分批生产和上市，而销售过程中可能会出现超过预期销量或低于预期销量的情况，品牌则需要根据具体情况，如生产部门或代工厂的生产进度安排、再次面辅料采购的时间和价格、停止生产或追加生产的总成本及利润比等，决定停止生产未完成产品还是急需追加产量。经过权衡利弊之后决定，如需追加生产，则会出现二次采购过程，如要停止生产则需进行剩余面辅料的处理工作。

（4）订货模式采购。订货模式指的是采用分销、加盟、联营等多种运营模式的品牌，一般会通过订货会的形式，由经销商、加盟商、直营商、联营商等合作伙伴确定各款产品的订货量，再根据订货量制订相应的面辅料采购计划。

订货模式下，品牌与面辅料供应商进行协商时，不能确定具体的数量，但是又不能在确定具体的数量之后才找供应商，可先根据预计订货量，制订一个较为粗略的采购计划。采购人员可与供应商先协商采购的相关内容，如是否需要开版订货，时间和成本是多少、采用何种物流和交货方式等，并说明会根据具体的产品订货量确定各个面辅料的实际订货量。

订货模式下品牌在确定采购的内容和数量之后，往往一次性采购所需的所有材料，一般不会出现二次采购的情况，也较少出现停止生产的情况。

2.采购计划主要内容

（1）采购目标。每一季的产品设计开发的款式不同，样衣和大货产品用到的面辅料多种多样，但并不是所有面辅料都需要进行采购，在确定哪些面辅料需要进行采购后，要明确每个面辅料的材质、组织结构、颜色组合、图案等具体规格以及质量要求等信息，确保能够买到符合设计、生产和品质要求的材料。

（2）采购数量。每种面辅料的用量和款式设计、产品用途和产品数量有直接关系，因此需明确每种面料需要购买的数量，确保既满足需要，又不会产生浪费。

（3）采购时间。不同用途的面辅料所需要到货时间也会不同，在确定具体的时间后，就要根据材料的规格和用量，判断该材料是现货还是需要订货、订货周期是多久、配送时长是多少以及是否需要分批采购等。确定合适的采购时间，以确保所需面辅料能够及时到货，保证产品生产正常进行。

（4）采购方式。采购方式一般按照物料的状态分为现货采购和订货采购，按照采购次数分为集中采购和分散采购。另外，有些企业还会根据企业规模大小和产品类型、采购成本等因素选择联合采购和外包采购等方式。不同的采购方式所产生的采购周期、采购成本、采购风险和工作内容各不相同，需要根据面辅料的特点等具体情况进行合理选择。

（5）采购地点。根据面辅料的特点、用途、数量和采购方式的差异，可以选择不同类型的供应商和采购地点。例如，数量较小的现货可去面辅料市场进行现场采购；数量较大的现货可直接与面辅料生产商联系以取得较为优惠的价格。而订货采购时则不论数量多少，一般都会直接与面辅料生产商进行协商。另外，供应商的地理位置决定了运输的时间、风险和方便程度，也是选择采购地点的重要考虑因素之一。

（6）采购价格。面辅料的采购价格主要由材料本身的价值、质量、用量、订货时间和运输成本等因素共同决定，且随着物料市场行情变动而发生变化。采购的价格直接影响设计开发和生产过程的成本总额，但是不能一味追求低价而忽略品质，要以合适的价格采购符合产品质量标准的面辅料。

（7）用料部门。面辅料的使用与多个部门有关，如设计开发部门制作样衣、生产部门进行大货生产、品质部门进行产品品质检验，且各部门用到的面辅料类型和数量各不相同，因此，需要了解这些部门所需面辅料的详细信息，以满足所有部门的用料需求，确保其部门工作的顺利进行。

（8）采购条件。采购条件指的是采购部门在提交采购需求，以及在与供应商进行协商时针对物料、时间、品质等方面提出的特殊或附加要求，如优惠方案、运输方式、付款比例、支付方式、违约条件等。这些条件都会对采购价格、成本和周期产生影响，因此，需要明确具体内容并进行权衡，在满足用料要求的前提下，尽量做到经济、合理。

3.采购计划表

在制订面辅料采购计划时，企划部门需跟采购部门及其他相关部门保持沟通和配合，确保采购计划的合理性和可行性，保证采购工作的顺利进行，进而保证样衣试制和大货生产的顺利开展并有序进行。

在获取了各部门的采购需求后，即可在ERP系统的采购模块中录入采购项目明细及相关信息，编制采购计划表（图5-1），可对整个采购过程进行管理、监控以及数据分析等操作。

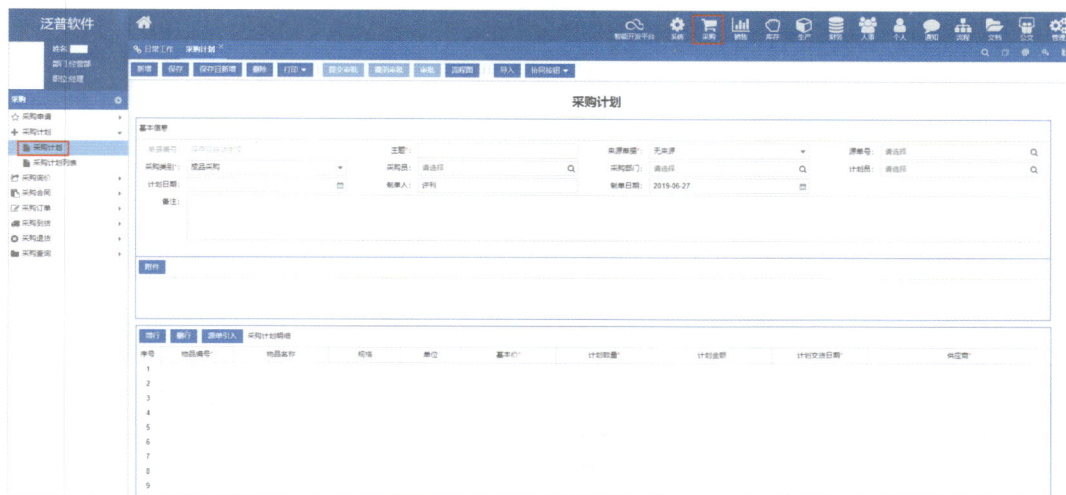

图5-1 采购计划表

二、供应商管理

品牌在设计、生产和销售过程中，所需要的物料一般向供应商进行采购，因此，供应商的供货情况对品牌的经营和运作活动产生巨大影响，采购人员需对所有供应商进行全面了解和准确分析，对供应商的管理是非常重要和必要的。

1.供应商分类

（1）按照供应商提供的产品。品牌在采购不同的材料时，需要找到对应的供应商，因此，可以按照供应商为品牌提供的产品类型，将供应商分为面料供应商、辅料供应商、设备供应商、办公用品供应商、服务供应商等。

（2）按照供应商在产品供应链中的层级。材料从生产厂商到品牌的供应链包含多个环节，因此，可以按照供应商处于产品供应链中的环节和层级，将供应商分为生产商、直销商、分销商、代理商、中介商等。

（3）按照供应商的地理位置。随着网络技术和信息技术的发展，在市场全球化和信息化的大环境下，品牌可选择的供应商遍布世界各地，因此，可以根据供应商所处的地理位置，将供应商分为本地供应商、国内供应商、国际（境外）供应商等。

（4）按照供应商的规模和经营品种。供应商的规模大小、经营的品种数量会直接影响其提供产品的能力和质量，因此，可以根据规模和产品数量，将供应商分为少品种专家级供应商、少品种小规模供应商、多品种大规模行业领袖级供应商、多品种小规模供应商等。

（5）按照品牌和供应商的合作关系。若品牌只是与供应商做一次性的采购业务，该供应商可归为短期目标型供应商；若品牌在供应商这里进行多次采购且每次采购结果均比较满意，该供应商可归为长期目标型供应商；若品牌与供应商合作进行产品开发、共同制订行业或产品标准、掌控产品发展趋势等，该供应商可归为联盟型供应商；若品牌与供应商相互参与经营相关的业务合作，则该供应商可归为渗透型供应商；若品牌与供应商属于同个集团公司，或者属于对方的子公司，则该供应商可归为纵向集成型供应商。

（6）按照品牌和供应商的重要性。从品牌角度，如果供应商提供的产品非常重要，这类供应商可归为重点型供应商；从供应商角度，如果品牌采购的产品非常重要，这类供应商可归为优先型供应商；如果对双方来说都不重要，这类供应商可归为商业型供应商；如果对双方来说都很重要，这类供应商可归为伙伴型供应商。

（7）按照供应商绩效评价。品牌根据供应商以往的采购业务完成过程和结果进行评价，按照评价结果可将供应商分为首选供应商、次选供应商、备选供应商和淘汰供应商。

2.供应商评价

对供应商的评价主要包括产品质量、供应质量、服务质量、信用度、经营情况等方面，具体指标包含产品合格率、交货准时率、交货周期、价格、降价幅度、付款过程、反应速度、谈判态度等。品牌根据具体的评价指标对供应商进行定量、定性或综合分析和评价，深入了解供应商的质量水平、技术能力、价格水平、服务能力等，并根据评价结果将供应商进行分类，为采购人员在开展采购业务时提供选择依据。

3.供应商信息管理

在 ERP 系统的供应商管理模块录入供应商的详细信息，如供应商的类型、名称、地址、联系人及方式、产品品类、支付信息等，并根据评价结果录入供应商的级别，对供应商进行信息化管理（图5-2）。产品设计企划确定了面辅料之后，采购部门可根据具体需求在系统中寻找合适的供应商进行沟通和协商。

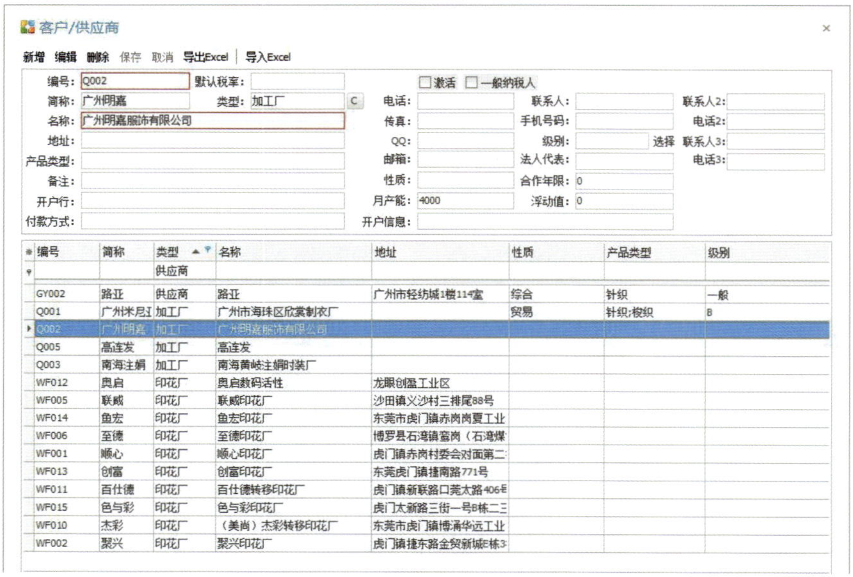

图5-2 供应商信息管理

三、采购过程控制

1.物料采购

采购部门根据采购计划的相关内容和要求，选择合适的供应商后就所需采购的物料及相关细节进行沟通和协商，并将协商结果录入系统中，如物料名称、数量、价格、供应商等信息（图5-3），经审核通过后进入采购环节，采购人员根据系统内显示的时间、数量和质量等信息按时、按质、按量完成所有物料的采购工作。

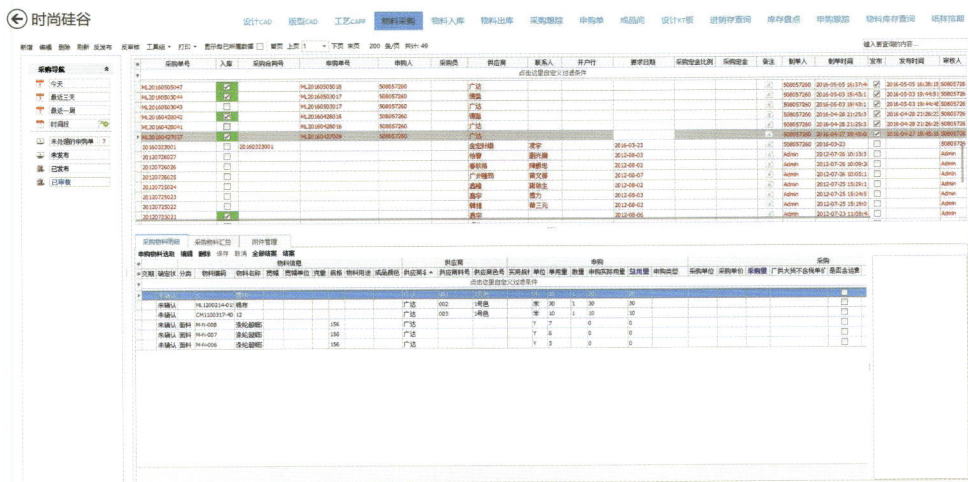

图5-3　物料采购信息管理

2.采购跟踪

采购跟踪主要是通过从采购员、物料及时间等几个方面对采购过程进行监控，了解各个采购计划的详细内容及进展情况，以便及时发现问题，并尽早进行调整和补救（图5-4）。

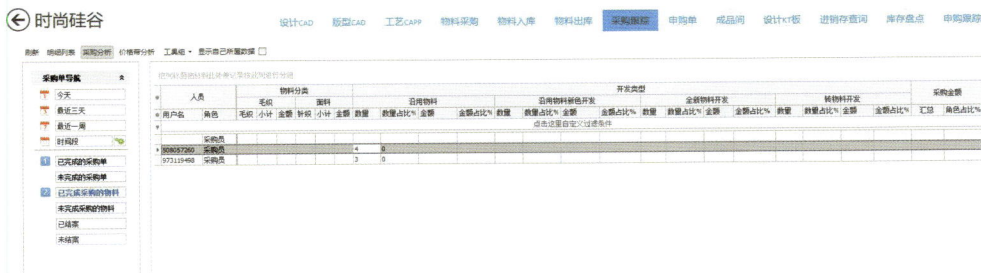

图5-4　物料采购跟踪

3.物料库存控制

库存控制是指通过控制物料的存储量，以达到用最低的成本满足产品的设计和生产需求。如果库存过多，会占用品牌资金和存储空间，增加保管成本；而库存过少又会影响生产进度，并且再次采购又会增加采购成本。因此，采购部门需要及时了解各物料的需求量和库存量，确定最经济的订购量和最适当的订购时间，以最少的费用保证生产的顺利进行。

　　物料采购回来经过检验合格后入库保存，并录入物料入库信息，如果物料被相关部门领出，则需要录入物料出库信息，入库量和出库量的差值即为库存量。采购员需及时了解库存量的变化，一旦库存量低于需求时，则需尽快启动再订货环节（图5-5）。

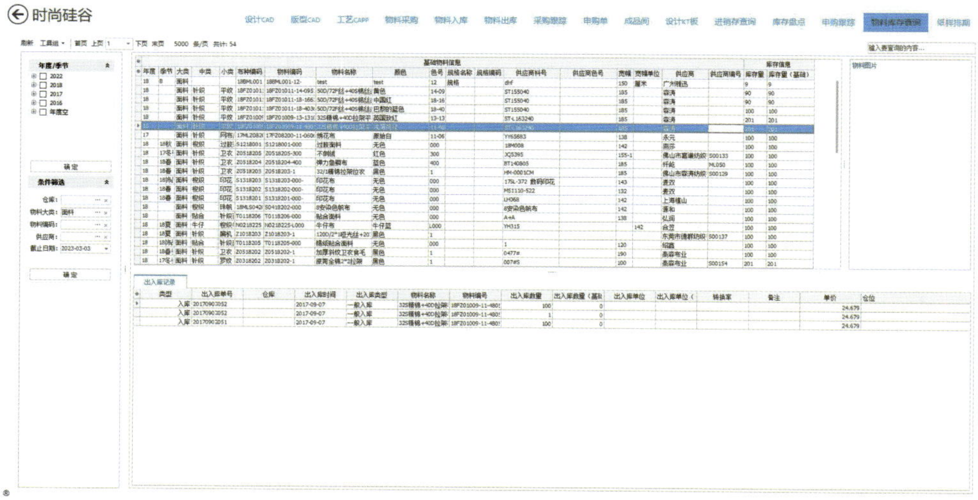

图5-5　物料库存信息

第二节　产品生产企划

　　为保证产品能够顺利上市，生产部门需要根据销售计划的时间、数量和质量要求按时、按量生产出所需的产品，而产品生产需要经过裁剪、缝制、熨烫、包装等环节，如果没有合理、准确的生产计划，生产管理、品质控制、物料采购、生产部门或人事部门的工作人员将会无所适从，无法进行物料、人力、设备及场地的生产前准备，也无法控制生产进度，最终可能导致无法按时完成生产任务或按期交货，致使产品不能按时上市影响公司盈利。

　　产品生产企划主要是通过分析产品的结构、工艺、产量和交货期等资料，了解生产过程所需要的技术资料，确定生产流程顺序和时间安排，作为产品生产安排和进度控制的依据。产品生产企划的主要内容有制订生产工艺方法、确定工序流程、确定生产各环节的日程计划等，需编制的文件有生产制造单、缝制工艺单、工艺流程图、生产日程计划表等。

一、编制生产制造单

　　生产制造单是生产过程中各部门进行工作分配、进度控制、材料管理、品质管理、成

服装商品企划

本核算等相关工作的依据，因此，在开始大货生产之前需编制生产制造单，并且内容需完整、翔实、准确并可执行，最好图文并茂，避免因文字表述的理解错误导致生产过程出现偏差而造成不必要的损失。根据产品订单及生产实际情况，编制好的生产制造单经审批合格后，即可下发到产品生产相关部门，按照时间企划安排，逐步开始各项工作。

每个企业的生产制造单形式各有差异，但是主要内容基本相同，需包含品牌（客户）信息、产品款式及细节、成品尺寸规格、采用的面辅料、工艺缝制方法及要求、包装方法及注意事项等（表5-1）。

表5-1　某款裤子的生产制造单

品牌：＿＿PDM＿＿　系列：＿＿裤子＿＿　款式：＿＿＿＿＿　款号：＿＿SN201＿＿　制造商：＿＿＿＿＿
合同生产配比额：

规格	规格尺寸						款式图
颜色	110	120	130	140	150	合计	
黑色	20	12		1	2	35	
花黑	12	20	5	5	1	43	
象牙白色							
合计	32	32	5	6	3	78	

裁床操作要求及注意事项： 1.所有布料到仓后，必须先进行检测和检验，合格后方可入裁剪车间 2.所有布料裁剪前必须进行松布和预缩（松布时间为：不能少于8小时） 3.裁片首层至底层必须与纸样吻合，不可有大小 4.合作商大货裁剪完，需送裁床明细单与我司跟单留底、上报	前
缝制工艺要求及注意事项： 1.平车12针/英寸；打边14针/英寸；冚车12针/英寸。 2.辅工按纸样扫粉开左前袋位；平车落左前袋布按扫粉位运返修剪止口开左前袋，袋口压1/16″边线 工艺说明： 1.100码样板左前袋口加宽0.5cm，跟足尺寸表要求尺寸。 2.100码样板（花灰组）后右袋唇用错纹路，应和后左袋相同做直纹。 3.90-100码做开档做法；110-120码不做开档	后
尾部、包装标准运作及注意事项： 胶浆印花要加油光拷贝纸垫付	**制造商特殊事项说明** 1.大货生产前必须先确认面、里、辅料，核对是否与生产制造单资料完全吻合 2.开裁前必须先通过面辅料检测合格 3.生产前必须先用正确面、辅料，每款各做两件产前板交我司批复OK，方可生产 4.船头板需在出大货前10天寄我司封样 5.大货必须按合同期准时交货，提前通知我司以便安排收货

制单：×××　　　日期：2021-03-25　　　主管审核：　　　　　经理复核：

二、编制缝制工艺单

生产过程的缝制工艺单是缝制工序操作的指导性文件，让操作工人可以根据工艺单上的图示、数据和文字说明，了解各工序的缝制方法和要求，同时，工艺单又是工艺操作的标准性文件，作为检验各工序的工艺质量是否合格的依据，因此缝制工艺单应包含成衣规格、主要部位规格尺寸和允差、生产款式图、各工序缝型设置、工艺要求等内容（表5-2）。

表5-2　某款泳衣的缝制工艺单

款号	MWT21-P8-1P			季节	SS2023	交货期	29/12/2022
款式品种	连体三角泳装			类别	常规	制单号	009-818
设计者	Blossom			尺码范围	S-XXL	填发日期	3/10/2022
面料	涤（89%）氨（11%）	颜色	黑色、鹅黄色、钴蓝、石榴红	基准码	M	单位：cm	数量	5760套

结构效果图	款式说明
	1. 前片：1/2罩杯采用T字分割，同时加入钢圈；在前片采用多片分割进行撞色，前片进行连裆设计 2. 后片：前片肩带延伸至后片形成，后背水滴型镂空

号型 部位	S （160/80）		M （165/84）		L （170/88）		XL （175/92）		XXL （180/96）		允差范围 （cm）
胸围	96	98	100	102	104	106	108	110	112	114	±1
肩宽	41.6	42.2	42.8	43.4	44	44.6	45.2	45.8	46.2	46.8	±0.3
背长	40		41		42		43		44		±0.5
腰围	72	74	76	78	80	82	84	86	88		±1
臀围	95.8	97.6	99.4	101.2	103	104.8	106.6	108.4	110.2	112	±0.8
直档	31		32		33		34		35		±0.5

裁片缝制工艺说明		要求	尺寸允差
A.裁片放置			
	裁片两端对齐	对称	上端0~2mm差异 下端0~4mm差异
	边	对称	其中一边0~2mm差异
	定位	对称	同一方向有0~2mm差异
B.缝口与车缝			
	止口	1 cm	与缝口长度的差异不超过1mm
	位置、头尾	车尽	0~2mm差异
	回针	12mm来回重叠	离开止口0~2mm

C.缝口和针距类型		
针距类型	平车针步301	
针距	12针/2.5cm	10~14针/2.5cm

填发日期	3/10/2022	负责人：小王	经办人：小林

三、绘制工艺流程图

工艺流程图是用符号表示产品缝制过程的图形，展示了产品从原料开始到成品的各工序的名称和顺序。服装工艺流程图描述了服装产品从裁片到成衣的工序分解情况，指出了部件间的相互关系和装配顺序，明确了各工序的缝制方法和线迹（或缝型）要求（图5-6）。

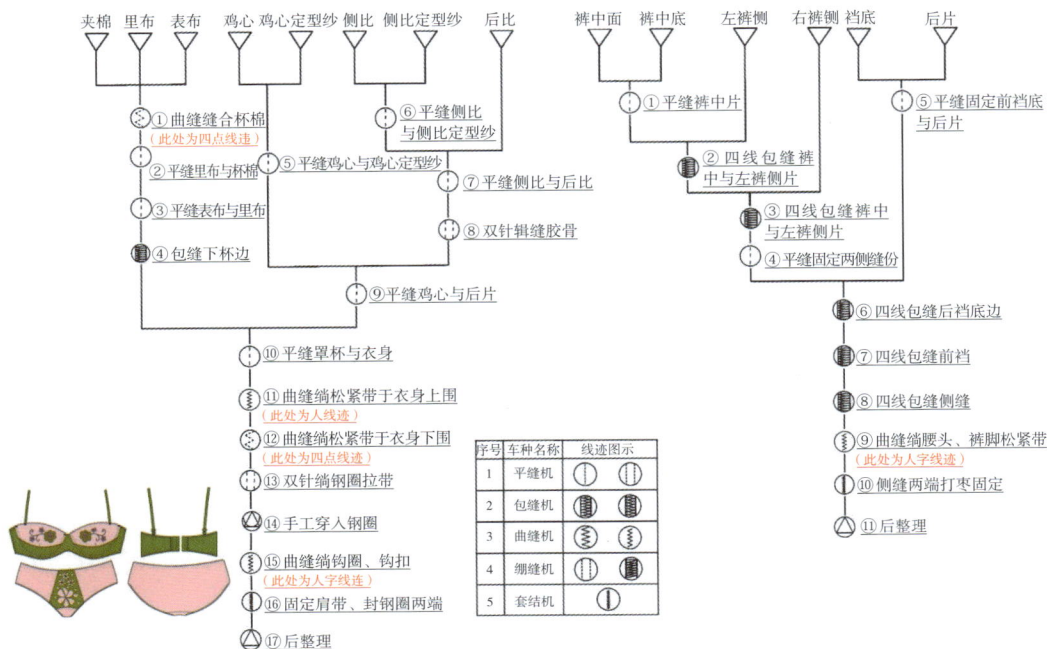

图5-6 某款文胸套装的缝制工艺流程图

第五章 产品供应企划

工艺流程图是企业安排生产的基础资料之一。生产企业一般采用流水线生产模式进行服装产品的大货生产，为了能够在交货期之前完成产品生产按时交货，生产部门需要根据交货期制订合理的生产节拍，通过工序同步化，将工序按照流程顺序进行合并或拆分，编制工序平衡方案并以此为依据，安排合适的设备和工人。因此，工序流程图作为基础资料除标明各工序的名称和顺序之外，还需标明各工序的工时和所需设备（图5-7）。

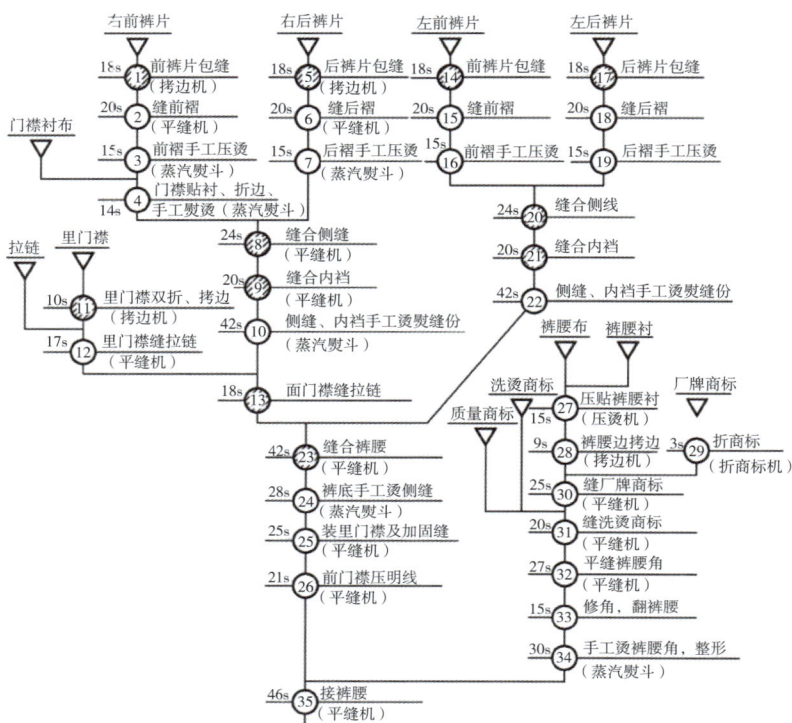

图5-7　某款裤子的缝制工艺流程图节选

四、制订生产日程计划

日程计划是根据生产流程顺序，以日为单位的生产各环节的开始和结束的日期安排，是生产部门进行大货生产过程的时间标准，是生产进度控制的依据，是能否按时交货的基本保证。确定生产日程计划后，各部门即可按照时间安排制订各自环节的工作计划，并在确定的日期开始相关工作。

编制日程计划需要的基础数据包括交货期、总产量、各生产环节所需时间等，采用的方法一般为逆向排程法，从交货期反推出各生产环节开始的日期。如图5-8所示，在确定各生产环节所需的生产时间后，以交货日为起点（设置为0），从后往前按照顺序和各环节的时间逆向确定各环节的序号，然后根据交货的具体日期将序号换成对应的日期，从而确定各生产环节的具体开始日期。

序号	1	2	3	4	5	6	7	8	9
项目	接订单	物料分析	订购	（材料运出）	（材料入库）	材料检验	裁剪	缝制	后整理
周期	1天	1天	9天	4天	1天	1天	2天	6天	1天

序号	23	22	21	20	19	18	17	16	15	14	13	12	11	10	9	8	7	6	5	4	3	2	1	0
项目	接订单	物料分析	订购					（材料运出）				（材料入库）	材料检验	裁剪		缝制						后整理（完成）		交货日

日期	7	8	9	10	11	12	13	14	15	16	17	18	19	20	21	22	23	24	25	26	27	28	29	30
项目	接订单	物料分析	订购					（材料运出）				（材料入库）	材料检验	裁剪		缝制						后整理（完成）		交货日

图5-8　产品生产日程计划表编制方法

第三节　店铺陈列企划

不同地区的风俗习惯及消费者的文化审美、消费习惯和消费水平等方面的差异，都会影响其对品牌及产品款式的喜好，而店铺的产品配置和陈列方式是吸引消费者进店消费的重要因素之一，因此，在新一季产品企划方案中，应包含不同地区店铺的产品配置方案及店铺陈列方案，通过合理的货品搭配和陈列方式吸引消费者进店消费，提升销售量和销售额。

一、店铺产品配置企划

店铺的产品配置需根据店铺类型、所在位置、目标消费者对产品的喜好及以往的销售数据等信息进行，产品配置包括产品的品类、款式及数量等。合理的产品配置，有助于增加店铺的销售量。

1.店铺类型及数量

品牌在制订新一季的商品企划方案之前，会根据各类型店铺的销售额和利润分析实际销售情况，并结合品牌的发展目标，确定是否进行店铺类型、数量及比例的调整，如是否开设新的线下店铺、开多少间、开在哪里，是否开设线上店铺、通过哪种渠道、开多少间等，以便进行下一步的产品开发和货品分配工作。

不同的店铺类型对应的消费群体不同，消费者对产品的款式、价格、服务等方面的需求也有所差异，如线下店铺主要针对店铺所在地区当地的消费群体，具有独特的消费特征，因此，需要根据当地消费者消费习惯和喜好进行产品配置和陈列。而线上店铺的消费者则不受地域的影响，品牌需要通过分析各线上渠道的消费者的共同特征进行产品配置和陈列。无论是线下实体店还是线上店，都应该根据对应的消费者喜好配置店内的产品，合理而准确的产品组合及配置是提升销售量的重要因素之一。

2.店铺产品配置

店铺产品配置的主要内容是确定该店铺产品的宽度、广度和深度，具体包括产品的品类、款式、颜色、尺码的比例及数量，在合理控制店铺运营成本的基础上，尽可能让消费者在店内购买到适合的产品，以提升店铺的销售量，进而提升消费者对品牌的认可和喜爱。

二、产品陈列企划

在产品销售过程中，品牌往往通过合适而独特的产品陈列展示品牌形象和产品，吸引消费者，激发消费者的购买欲望，提升销售额。广义的产品陈列是通过包括商店设计、装修、橱窗、通道、模特、背板、道具、灯光、音乐、味道及POP广告、产品宣传册、商标、吊牌等零售终端要素的设计和制作，从视觉、听觉、嗅觉等感官的感受，将品牌和产品及其蕴含的艺术内涵以消费者满意和接受的方式和方法展示出来，因此，产品陈列是一项系统工程，并且具有一定的设计规则、方法和技巧。

产品陈列在维持一贯的品牌风格的基础下，会根据每一季的产品主题及各销售波段的销售主题和销售策略进行调整和修改，因此，在新一季产品主题和销售企划确定之后，还需要进行产品陈列企划，确定各店铺在不同销售波段内的店铺装潢、色彩及音乐的选择、货品的陈列方法等相关细则，尽量为消费者营造出符合品牌形象、与销售主题一致、满足消费习惯的购物环境。

1.实体店铺陈列

实体店铺陈列主要包括购物氛围营造、橱窗陈列设计、展示区陈列设计、货架陈列设计等内容。

（1）购物氛围营造。线下实体店铺更加注重消费者的整体感官感受，包括视觉、听觉、嗅觉及心理等全方位的感受，因此，在进行实体店铺的陈列时，需要考虑色彩、音乐、灯光、味道及购物路线等因素，既可以展示品牌风格和形象，又能营造可以吸引消费者进店、停留和购物的氛围（图5-9）。

（2）橱窗陈列设计。橱窗主要陈列的一般是品牌的形象款，作用是展示品牌形象、吸引消费者，因此，橱窗的陈列要具有品牌特点、主题明确，且具有一定的艺术性，运用各种装饰物和人体模特结合灯光和色彩搭配等。对产品进行巧妙而精美的布置和陈列，可以选择造型夸张、色彩艳丽、灵活多变并富有戏剧性的陈列方式，能够给消费者带来独特的视觉感受（图5-10、图5-11）。

图5-9　Dior精品店2021年圣诞主题陈列设计（图片来源：搜狐网）

图5-10　Dior精品店2021年圣诞主题橱窗设计（图片来源：搜狐网）

图5-11　Dior精品店2021年圣诞主题橱窗整体设计（图片来源：搜狐网）

（3）展示区陈列设计。展示区主要陈列的是当季的主推款，一般通过各种造型的人体模特展示服装及服饰搭配方式。展示区一般设置在店门口或店铺内最明显的位置，让消费者在店门口或进到店铺第一眼就能看到，了解品牌本季产品的主题风格和主推款式（图5-12）。

（4）货架陈列设计。货架区域主要展示的是品牌的形象款和经典款及所有当季新款，常用的陈列方式有叠装、平铺、侧挂、正挂、人体模型展示等方式，可根据产品的品类、款式特点及陈列目的等，选择适合的陈列方式，进行多形式的货品展示（图5-13）。

图5-12　Dior精品店2021年
圣诞主题展示区设计
（图片来源：搜狐网）

图5-13　Dior精品店2021年圣诞主题货架陈列设计
（图片来源：搜狐网）

货架的形式主要有橱柜、衣架、平台、墙面及棚顶挂钩等，可选择摆放在临墙或店铺中心等位置。货架的位置不仅要考虑产品展示顺序，还需要考虑消费者在店铺内的动线。货架一般分为固定货架和可移动货架两种，固定货架一般设置在临墙位置，可移动货架一般设置在店铺中间位置，可根据销售波段和陈列主题调整位置。

2.线上店铺陈列

线上店铺的消费者主要通过浏览页面获得产品的相关信息，如何合理、科学地运用文字、图片、视频等形式，吸引消费者点开相关链接迅速获得产品信息，激发消费者的购买欲望，并产生购买行为，是线上店铺陈列的重中之重。

（1）店铺首页。店铺首页是消费者进入线上店铺看到的第一个页面，也是消费者对品牌形象、风格的第一印象。品牌需要通过首页内容的编排和设计，最大限度地吸引消费者停留并进行阅览，提高消费者进一步了解产品的兴趣，进而增加下单购买的可能性。店铺首页的主要内容包括品牌名称和Logo、导航栏、新一季主题介绍及产品图片等。

例如，天猫爱慕官方旗舰店的首页的品牌名称和Logo居中显示，下接导航栏，包含所有产品、主推产品、按品类分和按年龄性别等的产品分类链接按钮，消费者可根据购买需求，点选相应的链接按钮，进入该品类的全部产品的列表。天猫爱慕官方旗舰店2023年5月的首页页面中心位置是品牌新一季主推产品"爱慕30周年限定款氧气小花瓣"的模特穿着图片，消费者可点击图片了解具体的产品信息。页面的左下角有进店二维码，消费者可以通过扫描二维码用手机浏览店铺内容，并且浏览页面链接了手机淘宝App，消费可选择进入App进行浏览和下单操作（图5-14）。

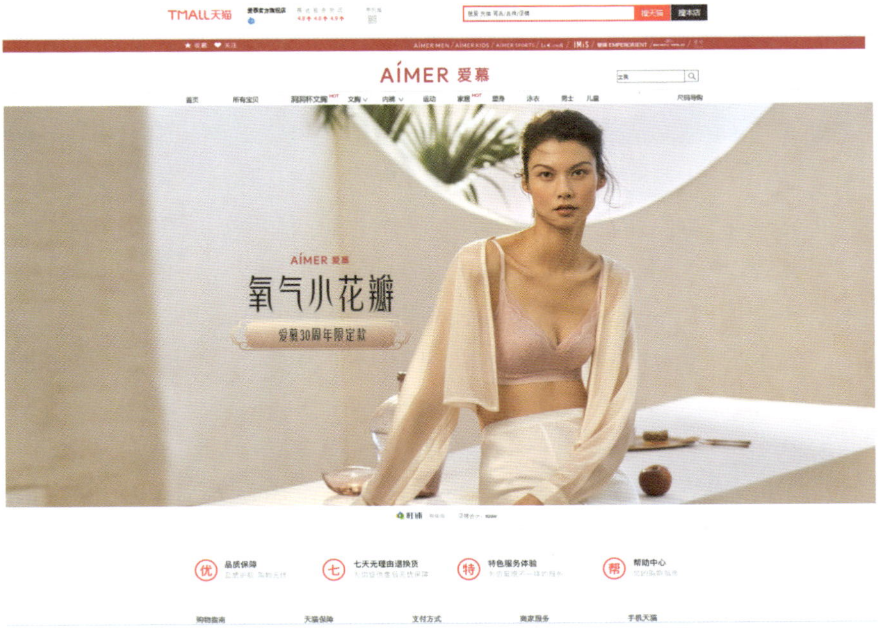

图5-14　天猫爱慕官方旗舰店首页

而曼妮芬官方旗舰店的首页内容更加丰富多样，页面左上角为品牌名称，品牌名称下面为"导航栏"，包括全部宝贝、产品波段及产品分类等链接按钮，消费者可根据自己的购买需求点击对应的按钮进入下一级类目页面。2023年5月的首页页面中心位置是品牌2023年春夏主题"遇见早春美人"的主推产品展示图片，并有产品页面链接，消费者可以点击链接或者图片即可进入产品页面了解具体信息（图5-15）。

图5-15　天猫曼妮芬官方旗舰店首页

继续下滑页面，在主题产品部分下面显示的是主推产品分类的代表性产品图片和所有品类的链接按钮（图5-16），消费者可通过图片和链接，进入该品类的产品列表。

在产品品类页面下面展示的是品牌2023春夏的主推新品图片，并通过滚屏方式循环播放（图5-17），消费者可直接点击图片，进入产品页面。

在主推新品图片下面显示的是按系列划分的产品图片，曼妮芬共展示了"美人""大杯""身体""摩登""金杯""性感"六个系列，每个产品都有一张展示系列风格和主打产品的底图以及产品穿着效果、产品细节的组合图片，并将该系列所有产品的图片和产品功能简介滚动播放（图5-18），消费者可向下滚屏浏览所有系列的相关内容。

首页最后展示的是曼妮芬品牌的品牌故事，用文字和图片简单介绍了品牌的成立时间、品牌理念、经营内容等信息（图5-19）。

（2）产品分类页。产品分类页面显示的是店铺所有宝贝的分类信息及对应品类的产品列表。消费者在寻找产品时，往往不是直接找到具体的、特定的那件产品，而是先通过产

SPECIAL MODE

#早春上新#　　　　　　#家居服#　　　　　　#暖衣#

文胸　　内裤　　孕哺　　少女　　儿童　　男士

套装　　家居　　运动　　功能　　背心　　泳装

图5-16　天猫曼妮芬官方旗舰店首页产品品类页面

2023 S/S NEW COLLECTION
春夏新品

图5-17　天猫曼妮芬官方旗舰店首页主推新品图片

第五章　产品供应企划

123

图5-18　天猫曼妮芬官方旗舰店首页按系列展示页面

图5-19　天猫曼妮芬官方旗舰店首页品牌简介展示页面

品分类进行初步的筛选，找到相关产品集合，然后在这些产品中进行对比和挑选，因此，一个合理的、科学的、详细的宝贝分类页，能够帮助消费者更加快速地找到自己所需要的产品。

产品分类的方式多种多样，且可以分为多个层级进行进一步细分，如产品品类、消费者年龄或性别、产品功能、销售波段等方式划分，还可以根据产品销售数据按销售量、价格等方式划分。

天猫曼妮芬官方旗舰店的产品分类页为消费者提供了多种形式的产品分类。第一级分类如按产品品类分为文胸、内裤、泳装、背心、暖衣暖裤、袜子等；按消费者年龄和性别分为女士、儿童、少女、男士等；按产品功能分为居家、运动、塑身、孕哺、专业大杯、术后文胸等；按照销售主题分为销售波段、明星同款、芒果杯型、红品、敦煌系列、花园系列等（图5-20）。在二级分类中如文胸产品被分为不同杯型、罩杯厚度、钢圈、功能、主题系列等类别。产品分类的链接按钮在页面的左侧和上面部位，消费者可以通过下拉页面，查看所有一级类目及二级类目，点击合适的类目，进入浏览了解所有产品信息。

图5-20　天猫曼妮芬官方旗舰店产品分类页面

（3）产品详情页面。线上店铺的消费者主要通过产品详情页面，了解产品的具体信息，并通过页面上的购买链接进行下单和支付，因此，产品详情页面的内容选择和设计风格是吸引消费者的重要影响因素，是线上店铺陈列设计的重中之重。

产品详情页的主要内容包括产品详情、款式细节、产品信息、穿着效果、销售方案、产品评价及产品选购链接等，通过文字、图片和视频等多种形式向消费者传递该产品的细节、特点和穿着效果等信息。

例如，进入天猫曼妮芬官方旗舰店的"小V芒果杯"款的产品详情页面，首先，显示的是店铺在"宝贝描述""卖家服务""物流服务"等方面的评分和客服及店铺的链接。页面的左侧显示是产品介绍的视频和产品细节展示的图片，页面右侧显示的是该产品的产品名称、价格、配送信息、产品颜色分类、尺码、购买数量及购买链接，消费者可在决定购买该产品之后，确定具体的颜色、尺码和数量，最后进入支付环节（图5-21）。

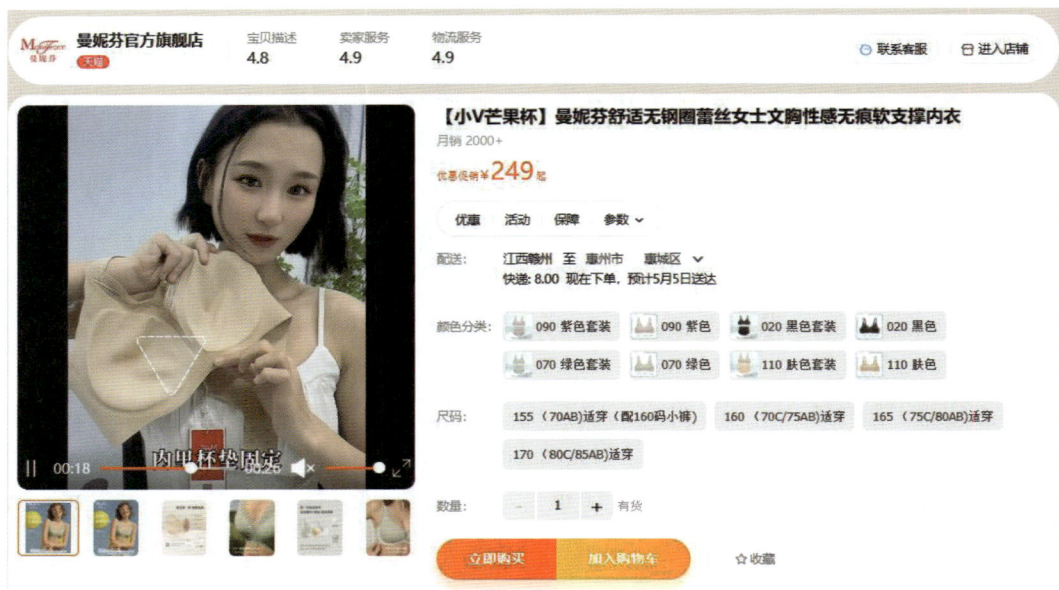

图5-21　天猫曼妮芬官方旗舰店产品详情页面产品选购部分

在宝贝详情的文字部分，具体介绍了该款产品详细的产品信息，如风格、功能、颜色分类、款式细节、上市时间、尺码分布等（图5-22）。

宝贝详情　宝贝评价

品牌：曼妮芬	功能：无痕	图案：纯色
文胸风格：简约	颜色分类：090 紫色套装 090 紫色 0……	罩杯面料：四面高弹
罩杯厚度：薄模杯	插片：无插片	面料俗称：其他
有无钢圈：无	上市时间：2023年春季	款号：20400387
适用季节：四季通用	罩杯款式：3/4	服装款式细节：一片式
肩带样式：固定双肩带	适用对象：青年女性	文胸款式：V型
尺码：155 160 165 170	搭扣排数：后双排搭扣	是否商场同款：是

图5-22　天猫曼妮芬官方旗舰店产品详情页面宝贝详情文字部分

在宝贝详情文字下面展示品牌目前的促销方案，如满减方式、会员福利、限时抢购等（图5-23）。

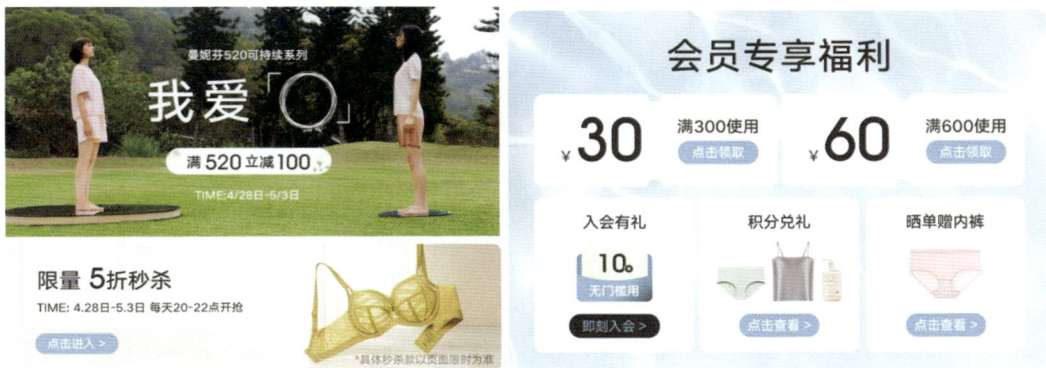

图5-23 天猫曼妮芬官方旗舰店产品详情页面促销方案部分

在产品促销方案下面，显示产品的详细信息，用图片结合文字的方式具体介绍了该产品的特点和卖点、穿着效果、设计细节、工艺细节、尺码选择建议等，可以让消费者更加全面地了解产品的各种信息（图5-24）。

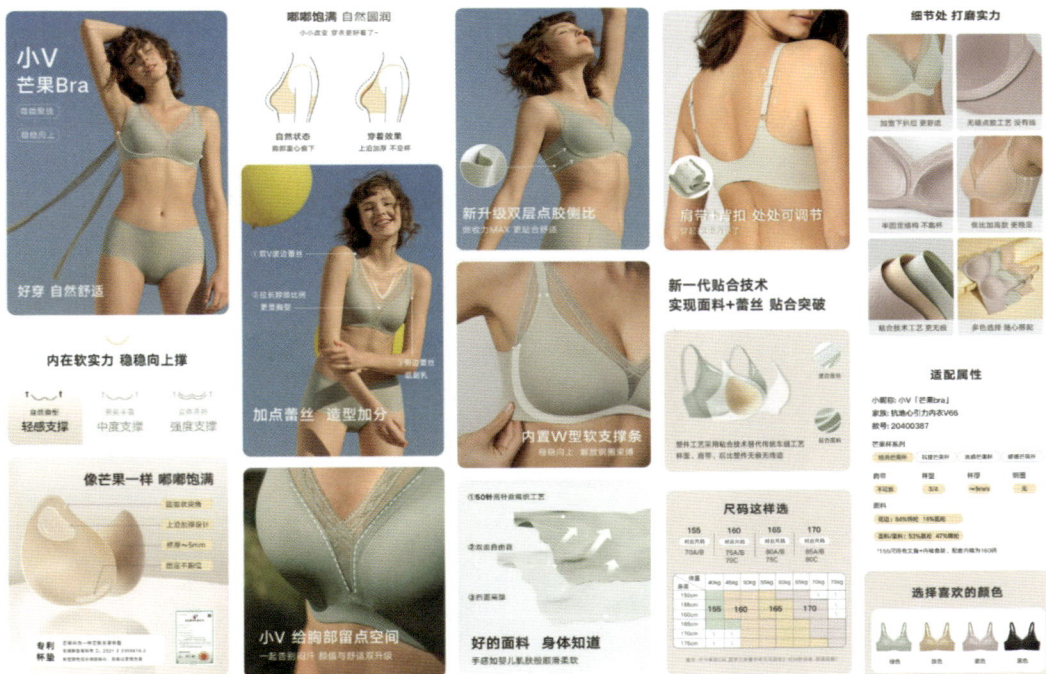

图5-24 天猫曼妮芬官方旗舰店产品详情页面产品信息部分

在产品详情页面的最底部是店铺推荐的与该产品相关的部分产品列表，消费者如果有兴趣，可点选链接，进一步了解详细的产品信息（图5-25）。

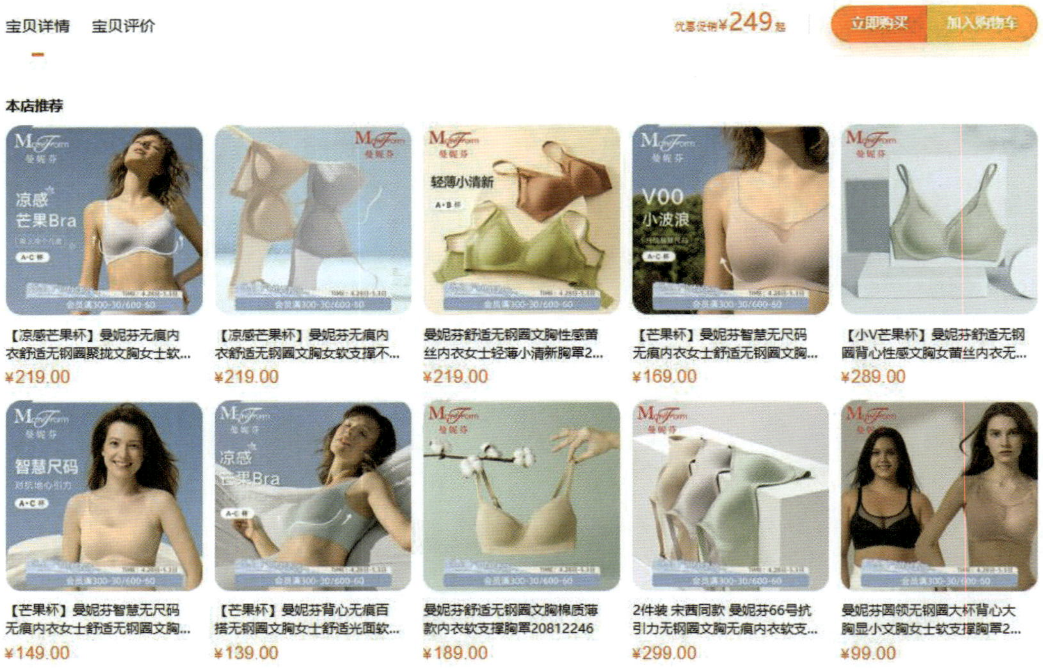

本店推荐

【凉感芒果杯】曼妮芬无痕内
衣舒适无钢圈聚拢文胸女士软…
¥219.00

【凉感芒果杯】曼妮芬无痕内
衣舒适无钢圈文胸女士软支撑不…
¥219.00

曼妮芬舒适无钢圈文胸性感蕾
丝内衣女士轻薄小清新胸罩2…
¥219.00

【芒果杯】曼妮芬智慧无尺码
无痕内衣女士舒适无钢圈文胸…
¥169.00

【小V芒果杯】曼妮芬舒适无钢
圈背心性感文胸女蕾丝内衣无…
¥289.00

【芒果杯】曼妮芬智慧无尺码
无痕内衣女士舒适无钢圈文胸…
¥149.00

【芒果杯】曼妮芬背心无痕百
搭无钢圈文胸女士舒适光面软…
¥139.00

曼妮芬舒适无钢圈文胸棉质薄
款内衣软支撑胸罩20812246
¥189.00

2件装 宋茜同款 曼妮芬66号抗
引力无钢圈文胸无痕内衣软支…
¥299.00

曼妮芬圆领无钢圈大杯背心大
胸显小文胸女士软支撑胸罩2…
¥99.00

图5-25　天猫曼妮芬官方旗舰店产品详情页面产品推荐部分

　　在产品详情页面里还有一个非常重要的内容就是"产品评价"，该部分显示的是已购买
该产品的消费者给出的以图片、视频和文字等方式的产品评价和评分，其他消费者可以根
据这些评价和评分判断产品的设计和质量等，作为购买决策的参考。

PART

6

第六章

销售推广企划

销售推广是品牌为短期内提升销售量和销售额而针对消费者采取的营销措施和手段。有效的销售推广活动不仅可以促进产品销售、减少库存，还可以扩大品牌影响力、提高关注度，吸引新的消费者主动了解品牌及相关产品或服务，提高产生购买意愿的可能性。

品牌可根据促销目标选择适合的销售推广方式，制订销售推广方案，具体内容包括推广活动的时间及波段、主题名称、推广的方式及条件、参与推广的产品、价格细则、详细的活动内容、推广活动适用的区域及地点、推广成本及利润目标等，并做好风险防控和调整措施，以达到销售推广的预期目标。

第一节　主要的销售推广方式

一、与产品有关的推广方式

1.新品上市推广

新品上市推广是指在新一季新品上市前，让更多的消费者知道和了解新产品的相关信息而采取的推广活动，旨在扩大品牌知名度、提高消费者的购买欲望、提升交易的可能性。针对新品的推广方式主要有召开产品发布会、参加展会、店铺广告宣传、发放宣传资料及各种形式的预售等。

2.限定款产品推广

限定款产品是指品牌根据特定时间、特定主题、特定事件等开发的特殊产品或者在特定区域、特定渠道销售给特定人群的产品等。限定款产品一般在款式、材料、工艺等方面的细节具有一定的特殊性，并且不做大批量生产，因此，限定款产品并不能为品牌带来较大的直接经济利益，但可以提升品牌形象，提高目标消费者的关注度和忠诚度，维系消费者。限定款产品的推广一般可通过举行主题活动和发布会等形式进行（图6-1）。

3.产品清货推广

清货产品推广是指针对产品销售周期后段的产品进行的各种推广活动，旨在清理存货、降低库存量、回流资金等。针对清货产品的推广方式主要有低价折扣、多件递减折扣、买一赠一等。

4.产品联合推广

产品联合推广是指，有共同消费群体的品牌将各自的产品或服务进行合理整合，采用联合促销方式，将产品和服务推广给消费者的各种推广活动，旨在整合两个甚至几个品牌资源，集中各自优势，不仅可以扩大宣传力度、提升销售额度，还在一定程度上节约推广成本。

图6-1 李宁2022上海城市限定系列（图片来源：李宁官网）

采用产品联合推广的品牌不仅限于同品类产品品牌，跨界合作已经成为较为常见的推广方式，如服装品牌可以与洗衣机、电影公司、化妆品、珠宝、电游、汽车等各种品类的知名品牌进行跨界合作，强强联合，合作开发产品或开展促销活动，借助双方的品牌竞争力和影响力，实现共赢（图6-2）。

图6-2 美特斯邦威与迪士尼合作的美邦迪士尼爱丽丝梦游仙境系列（图片来源：美特斯邦威官网）

5.买赠推广

买赠推广是指在消费者买满一定金额的商品后赠送对应礼品的推广方式，旨在用赠品吸引消费者、满足消费者的心理需求、提高客户满意度。赠品需要与消费群体的喜好相匹配，赠品本身的实用价值是最重要的，要让顾客感到物有所值或者具有很高的实用性，如为了得到赠品而提高购买额度，真正达到促销推广的作用。

二、与价格有关的推广方式

1.折扣推广

折扣推广是指通过品牌对销售价格进行让利、减价后，以低于产品定价的价格销售给顾客的推广方式，旨在利用消费者获取优惠的心理刺激消费，同时还可以为品牌清理库存回收资金。

选择折扣推广的时机及折扣幅度的依据多种多样，如可根据产品所在的销售周期确定折扣率，如新品上市8折、季末产品5折、清货产品3折等；还可以根据结合特定的销售活动设置专门的折扣，如母亲节、圣诞节等节假日以及"双十一"、周年庆等特定时间设置的专项折扣活动；还可以针对不同的消费者设置折扣，如三八妇女节时对女性顾客，教师节对各种教师设置的专项折扣等。

"折上折"是指在品牌对产品价格设置了一定的折扣率之后，再依据其他理由进行折扣的叠加，进一步降低实际销售价格，如品牌会员折扣、电商平台会员折扣、商场专项折扣、满额折扣等，可以抓住人们喜欢获得更多优惠的心理，通过更低的价格，促进消费者提高购买量。

2.满减返现推广

满减返现推广是指通过向购买超过指定金额的消费者采取返还或减免一定金额的方式，变相降低产品销售价格的推广方式，如买满300元返30元，旨在利用消费者获得更多优惠的心理，刺激消费者增加购买量。

满减返现推广时，需根据产品的实际销售价格确定买满的额度，如产品价格较低而买满的额度设置过高，导致消费者需要购买数量较多的产品，才能凑够相应的额度，会让消费者购买不需要的产品或者产生选择疲累，从而减低推广效果；如果产品价格较高而买满的额度设置较低，则消费者不需要购买另外的产品，就可达到满减额度，也会降低推广效果。

满减返现推广时，还需注意对返现金额的控制。返现金额太小，则不能引起消费者的兴趣，起不到应有的促销作用；而返现金额太大，则会给品牌带来利润损失。因此，在采用满减返现推广时，需要测算成本和利润，合理设置返现金额。

返现的额度设置方法与品牌的产品销售模式相关联，如采用品牌自营模式时，品牌可自行设置满减返现的额度，也可以进行无差别产品的满减返现或特定产品的满减返现；采用线上平台销售模式的品牌，不仅可以自行开展满减返现活动，还可以参加有销售平台举行的跨品牌（或店铺）满减返现活动；而商场店铺销售的品牌也可以参与商场举行的满减返现活动。

3.特价推广

特价推广是指在特定的时间针对特定的产品设置特定的、低于市场价格甚至低于产品成本的价格吸引消费者购买的推广方式，旨在用物美价廉的产品刺激消费，抢占更多的市场份额，进而获取更多的利润，还可以进行产品清货回收资金。

采用特价推广时，需要给出合理的降价理由，如特定的节假日、特殊的庆祝活动、品牌或店铺的特殊情况、临时发生的重大事件等，而且降价的频次不宜过多，且降价理由不易重复使用，否则，容易让消费者失去对品牌的信任。

降价的幅度也需要慎重考虑。降价幅度过小，不能引起消费者的购买欲望；降价幅度过大，则可能引起消费者的误会，质疑产品存在质量问题、产品定价过高，甚至质疑品牌存在欺诈行为，反而会影响品牌形象。

三、与消费者有关的推广方式

1.会员推广

会员推广是指品牌通过各种方式，筛选出对品牌有一定忠诚度的消费者，并针对这些消费者设置特定的优惠和服务的推广方式，旨在组建一个相对稳定的消费群体，并与消费者进行更频繁、更深入地沟通和交流，以及时了解消费者的需求，有利于品牌改进产品设计、提高服务水平，不仅可以促进消费，还可以提升品牌竞争力。

品牌招募会员的方式有很多种，如积分、买满、注册、赠送等，还可以按照不同标准设定会员等级（如普通会员、VIP会员、金卡会员等），并为不同级别的会员提供不同的优惠和特殊服务。当然，会员在享受优惠和特殊服务的同时也应承担一定的义务和配合工作，如宣传推广、产品及服务水平调查等。

如何留住会员，是会员推广方式中至关重要的工作内容之一。品牌可以通过如为会员设置高于普通消费者的折扣优惠、设置固定的"会员日"专门为会员提供优惠和服务、为会员提供专款特价款产品或专属礼品等方式和方法，让会员从物质和情感方面，真切地体会到优于普通消费者的优惠和服务，从而保持对品牌的忠诚度。

2.身份推广

身份推广是指品牌依据消费者的身份和职业，而有针对性地推送产品、服务和优惠的推广方式。品牌可根据消费群体的身份特殊性及经营的产品品类，设置相应的推广方案，如针对学生的开学季、寒暑假、儿童节等时间，针对成人的三八国际妇女节、母亲节、父亲节等时间，还可以按照消费者的职业，如教师、警察、医生、护士等，在教师节、医师节、警察节等时间进行产品推广。

四、与时间有关的推广方式

1.节假日推广

节假日促销推广是指在特定的节假日里，采用各种方式吸引消费者进行消费的推广方式，旨在利用消费者在节假日里可以休息及购物的时机促进消费提升销售量。每年的各个节假日都是销售的黄金时期，成了各大商家的必争之地，各大商家都使出浑身解数，采用各种方式方法，势要分得一杯羹。

可选择进行促销推广活动的节假日一般分为以下类别：

（1）中国传统节日，如春节、元宵节、清明节、端午节、中秋节和重阳节等。

（2）国际节日，如元旦、三八国际妇女节、五一国际劳动节、六一国际儿童节等。

（3）针对特定人群的节日，如教师节、八一建军节、母亲节、父亲节等。

（4）西方国家节日，如情人节、感恩节、复活节、万圣节、圣诞节等。

各品牌可根据不同的节假日，制订对应的销售主题，并做好相应的商品企划工作。

2. 限时推广

限时推广是指品牌在某个特定的时间范围内进行的具有特定理由的一种促销推广方式，旨在借助特定的时间和理由让利给消费者，以促进销售、降低库存和回收成本。

常见的限时推广的时间和理由主要包括品牌周年庆（如618周年庆）、新店开业、店铺装修或搬迁、特殊日期（如"黑色星期五""双十一"）、年中或年终等，甚至可以单纯为促进销售而设定的一个时间和理由，如"品牌宠粉日""限时抢购""清仓大甩卖"等。

限时推广选择的时间和理由必须能够让消费者信服，并且可以提前进行造势宣传，一般产品折扣比较低、优惠较大，因此，该推广方式虽然可以增加销售量，但是利润不一定增加很多，因此，需要慎重选择参与推广的产品。一般新品和正价产品不宜参与，即使参与，也不宜制订较大的折扣，以免消费者对品牌的价值和信誉产生不良印象。

3. 会议推广

会议推广是指品牌通过参加由各种组织在固定时间举办的以展示产品、宣传品牌等为目的的各种集会进行推广的方式，旨在通过向参会人员宣传和介绍品牌的文化、形象、技术实力、经营范围等内容，提升品牌的知名度，进而促进产品销售。

可进行品牌和产品推广的会议类型主要包括博览会（如2023中国国际服装服饰博览会）、展览会〔如2023第十八届中国（深圳）国际品牌内衣展览会〕、交易会〔如2023第133届中国进出口商品交易会（即广交会）〕、时装周（如2023年春夏巴黎时装周）、各品牌自行组织的产品订货会及由当地政府部门组织的品牌推介会等，还可以参加与产品相关的由科研院校、行业协会等组织承办的科学技术研究等方面的学术会议及年会（如中国纺织工业联合会年会）等（图6-3）。

进行会议推广是以推广品牌和产品为目的，一般不会即时呈现效益或者未来的效益不明确，因此，需要综合评估参加会议的成本和效果。参加会议的成本主要包括展位费（或进场费）、展区布置费、展品运输费、宣传资料费、交通住宿费、人工成本及其他相关费用等。展区的位置、风格特点、动线设计、展示的产品以及参展人员的态度、意识和业务能力等都对展示效果有着显著影响，因此，需要对整个参会活动的流程、人员及相关事项进行精心策划和安排，以确保达到最佳的宣传效果。

图6-3　2023年中国（深圳）国际品牌内衣展（图片来源：SUIF官网）

五、与事件有关的推广方式

在进行销售推广时，品牌除了按照既定的时间和销售主题制订推广方案，还可以根据突发的事件进行快速反应，及时推出对应的销售推广方案，借助消费者对事件的关注度提升销售量。

可以借机进行营销推广的事件主要包括以下内容：

（1）国家大事，如北京冬奥会的成功举办等。

（2）突发的自然灾害，如地震、洪涝灾害、台风等。

（3）重大公共危机事件，如病毒爆发、暴恐事件等。

（4）重大安全事故，如火灾、矿区坍塌等。

（5）影响力较大的国际赛事，如奥运会、足球世界杯等。

（6）其他突发事件，如抵制新疆棉花事件等。

在进行事件推广时，需要特别注意消费者对事件本身的关注度及品牌产品与事件的关联度，不能"生拉硬拽""生搬硬套"，甚至是"无中生有"，否则容易引起消费者的逆反心理；同时，还要注意把握好对事件的态度，要正面、积极、充满善意，不能恶意诋毁、曲解、污蔑，保持正能量，才能向消费者展示品牌的社会责任感和使命感，树立正面、良好的品牌形象。虽然很多时候进行事件推广时并不以营利为目的，但是最终还是可以提升品牌知名度、美誉度，增加消费者对品牌的好感，进而促升产品销售量（图6-4）。

图6-4　2021年鸿星尔克向河南灾区捐赠5000万元物资（图片来源：鸿星尔克官方微博）

随着市场需求和现代科技的发展，销售推广方式也层出不穷，品牌和企业可根据自身产品类别及销售模式，选择适合的销售推广方式，紧跟时代发展的脚步，与时俱进，争取在日趋激烈的市场竞争中维持并提升销售量和利润。

第二节　服装店铺主要销售推广方法

一、街边实体店

1.街边实体店主要特点

街边实体店一般是指品牌开在商业街的道路两旁具有独立店面的临街店铺，多为品牌的直营店或加盟店。街边实体店铺往往直接将产品面对面推送给消费者（图6-5），这类店铺具有以下显著特点。

（1）店铺所在的地理位置直接影响进店的人流量和销售量。

（2）同品牌店铺的橱窗设计、店内装修及陈列风格较为统一，并符合品牌形象，体现品牌文化特点。

（3）各店铺的销售价格、推广方法和时间等销售推广方案一般由品牌统一制订，并根据店铺所在区域特点进行细节调整。

（4）店铺里的店员为消费者提供产品介绍、穿着搭配、货品拿取、货款收取等相关售前和售后服务，店员的态度及服务能力会直接影响销售量及消费者对品牌的满意度。

（5）店铺内设有试衣间供消费者现场试穿产品，并提供正常退换货服务。

（6）各店铺一般设有收银台并自行结算，消费者进行现场支付。

图6-5　成都中国李宁城市主题概念店（图片来源：懒能体育）

2.街边实体店主要销售推广方法

街边实体店铺的销售过程是直接面对消费者的，消费者直接接触到具体的产品，因此，这类店铺的销售推广活动往往更加侧重于针对消费者和产品方面。常见的销售推广方式主要有会员推广、节假日推广、折扣推广、买赠推广等，另外，还可以从扩大品牌知名度为目的而开展的推广活动如主题活动推广、品牌联合推广和各种体验活动等。各品牌可以根据经营策略、产品特点和市场需求变化等自行设置销售推广的方法和时间，以争取利润最大化。

3.街边实体店销售推广效果的主要影响因素

（1）店铺形象设计。店铺的形象是吸引消费者进店的主要因素之一，如店铺的装修风格是否符合消费者的审美，陈列方式是否符合消费者的购物习惯，店铺的音乐和味道等是否让消费者满意等，都决定了消费者是否选择进入店铺和在店内的停留时间。因此，在进行销售推广方案制订时，需根据目标消费群体的特性和喜好进行店铺形象设计，尽可能吸引更多的消费者进入店铺，增加销售概率。

（2）产品品质。街边店铺的消费者会直接接触到产品，通过视觉和触觉感受产品品质，也会通过试穿感受产品静态和动态的穿着效果，因此，产品的色彩、面料、款式、板型、尺码等细节设计都是决定消费者是否购买的主要因素。如果产品满足不了消费者的要求，即使销售推广方案做得再有吸引力，也难以达到预期效果。销售推广方案时，以产品的实际情况为基础，不能过分夸大，不能让消费者产生心理落差，从而失去对品牌的信任。

（3）折扣或降价幅度。品牌推广活动中设定的降价或折扣力度也是吸引消费者的主要影响因素之一。尤其是价格水平较高的品牌产品，经过折扣或降价后的实际价格让消费者感觉到物超所值，往往会吸引更多的消费者，达到较好的推广效果。但是，品牌在选择进行折扣或降价的产品时需要注意，不要让消费者产生后悔提早购买的心理，从而影响正价产品的销售；另外，折扣或降价的幅度不宜过大，频率不宜过多，否则，容易让消费者产生误解，影响品牌形象。

（4）销售人员的能力和素养。街边店铺的消费者与销售人员进行面对面交流，销售人员的服务态度、言行举止、专业水平、职业素养甚至妆容仪表，都会影响消费者的感受，从而影响销售结果。店员的服务态度及服务能力会直接影响销售量及消费者对品牌的满意度，因此，品牌要加强对销售人员的培训，尤其是对推广方案的重点内容的理解，并对实施过程中可能出现的问题做好预案，以确保推广方案的顺利进行，并达到预期目标。

（5）广告宣传。街边店铺门口或橱窗的广告宣传是否醒目、能否吸引行人的关注、宣传内容是否能引起消费者的兴趣等，也是影响店铺客流量的原因之一，因此，店铺可以在门口树立醒目的广告牌，或者在橱窗张贴色彩鲜明、字体夸张的引人注目的标语和图片，展示推广方案中的主要内容、重点内容，吸引更多的消费者进店。

二、品牌商场店

1.品牌商场店主要特点

品牌商场店一般是指品牌开在大型购物中心或商场内的店铺，一般需要向商场支付租金并接受商场统一管理（图6-6）。品牌商场店同街边实体店一样，直接将产品展示和销售给消费者，因此，在销售方式上具有类似的特点，除此之外品牌商场店还具有以下显著的特点。

（1）商场的地理位置和人流量直接影响各品牌的销售量。

（2）商场的目标消费人群定位决定了各品牌的销售价格和推广方式。

（3）各品牌店的位置和调整由商场统一安排，产品类别相似的品牌集中在固定区域。

（4）品牌商场店的店铺面积往往较为固定，且店铺陈列会受到商场整体情况和要求的限制。

（5）品牌商场店的销售时间由商场统一规定。

（6）品牌商场店一般由商场统一收取货款后在固定时间结算，消费者则需要到商场的收银柜台支付货款。

（7）品牌商场店一般需要参加商场发起的销售推广活动，而品牌方开展自己的销售推广活动时，往往需要征得商场方面的同意。

服装商品企划

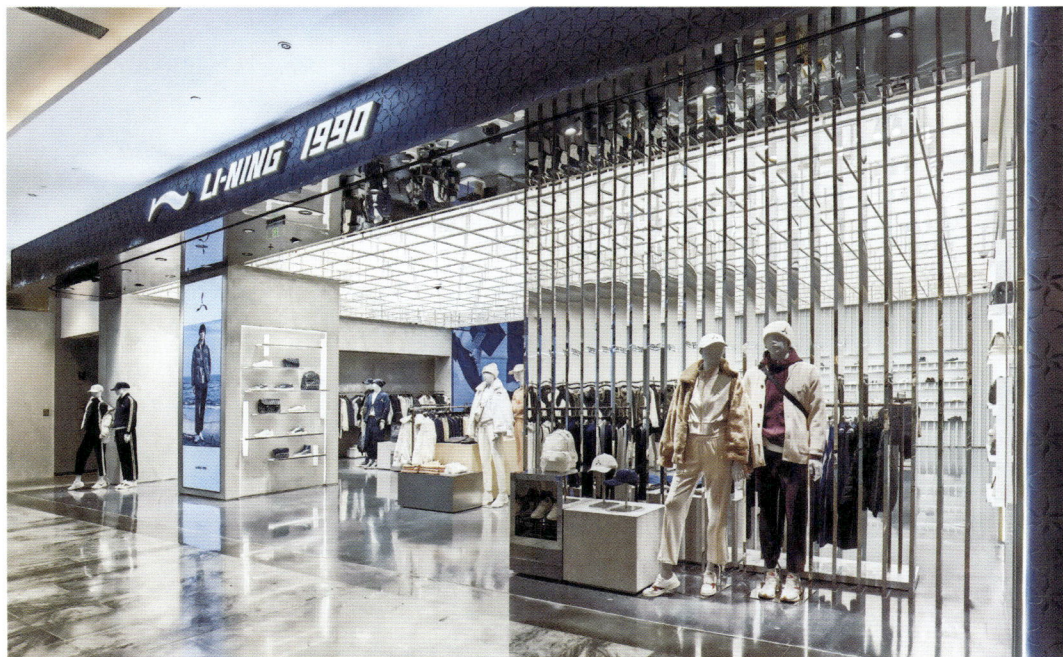

图6-6　LI-NING 1990（李宁1990）重庆来福士广场店（图片来源：YOHO官网）

2.品牌商场店主要销售推广方法

品牌商场店的销售过程也是直接面对消费者的，因此，这类店铺的销售推广方式跟街边实体店较为相似，即侧重于针对消费者和产品，如会员推广、折扣推广、买赠推广等，同时，还要结合商场方面的销售推广方案进行合理的调整。各大商场的推广方式多与时间有关，如节假日推广、周年庆推广、年中或年终推广等，品牌商场店可以在商场确定的推广方案基础上设置本品牌关于产品、价格以及消费者等方面的具体内容。

3.品牌商场店销售推广效果的主要影响因素

（1）商场的地理位置和规模。商场的地理位置是否优越，交通是否便利，经营项目是否全面，甚至停车是否方便，都决定着商场的人流量，而商场的人流量多少直接影响着品牌商场店的客流量。

（2）商场的目标消费人群定位。商场一般会根据目标消费人群的年龄结构、经济收入、购买力和消费习惯等特性确定商场的消费水平，选择合适的品牌类型、级别和数量进场，而进商场购物的消费者对品牌的认知程度、对产品价位的接受程度、对产品设计的审美水平以及对促销活动的认可程度等，都会影响品牌商场店的销售推广效果。

（3）商场的促销活动。商场为了聚集人气、增加销售量，会不定期进行各种销售推广活动，如组织一些表演、比赛、抽奖等活动吸引消费者参与。同时，商场也会在固定的时间，如各种节假日、周年日、年末等，联合各品牌商场店共同进行销售推广活动，采用如跨店满减、买赠、折上折等方式。无论哪种方式，商场开展的销售推广活动都会影响品牌商场店的客流量，进而影响品牌的销售推广效果。

（4）品牌店在商场内的位置。商场一般会根据楼体结构划分各经营项目的楼层和区域，并设定消费者的购物动线，因此，品牌商场店在商场内的具体位置就变得非常重要了，店铺是否处在显著的位置，是否在消费者必经的动线上，决定进店的客流量，势必会影响店铺的销售情况。

（5）竞争品牌。商场一般把同类型产品的品牌店安排在同一楼层或者统一区域内，以方便消费者采购。这样的安排可以将同类产品集合在一起形成聚集优势，有利于增加客流量，但是，也加剧了品牌之间的竞争，因此，竞争品牌的实力和销售推广方案也会影响品牌商场店销售推广效果。

三、电商平台店

1.电商平台店主要特点

电商平台店是指品牌在各种电商平台上开设的通过网络进行销售的店铺，以信息网络技术为手段，通过使用计算机、手机等电子工具将产品或服务销售给消费者，并完成产品展示、咨询、货款支付、产品交付以及售后服务等活动（图6-7）。电商平台店一般通过图片、视频或现场直播等形式向消费者展示和介绍相关产品，在销售方式上具有显著特点。

（1）电商平台店的经营区域范围广泛，消费者遍布全球各地，只要开通互联网开的地区都是电商平台的经营区域。

（2）电商平台店的销售渠道众多，主要包括网络平台（如淘宝网）、社交平台（如微博）、电视购物（如购物频道）、自媒体营销（如公众号）、直播营销（如抖音直播）、杂志（如时尚杂志）等。

（3）消费者需要通过计算机、手机、电视等电子工具，登录电商平台网址或打开网页链接，或者利用手机下载相关App后，登录电商平台的手机客户端，浏览产品信息，并进行购买相关操作。

（4）电商平台店的类型主要有品牌自主经营店铺、代理销售店铺和品牌授权店铺，其中品牌授权店铺又分为"产品授权"店铺和"商标授权"店铺。

（5）电商平台店的产品销售可分为"现货销售"和"产品预售"。

（6）电商平台店需要通过精美的页面设计和形式多样的展示方式，向消费者传达品牌文化、产品信息、销售推广方案等。

（7）电商平台店的产品往往需要通过物流公司寄送到消费者手里，如需退货，也需要通过物流公司寄回给商家，因此产生相关费用。

（8）消费者在电商平台店内购买产品需要通过线上支付货款、物流运输等相关费用。

（9）电商平台店在线上为消费者提供售前、售中和售后服务，店铺的客服人员接受消费者对产品、服务、支付、物流、退货等相关内容的咨询，并负责解释和解决相关问题。

（10）电商平台店一般需要参加由平台发起的销售推广活动，而品牌方开展自己的销售推广活动，往往需要通过电商平台的审核和批准（图6-7）。

图6-7　中国李宁天猫旗舰店

2.电商平台店主要销售推广方法

电商平台店通过电商平台向消费者展示和销售产品，而电商平台也会为提高用户数量和成交量等开展各种推广活动，因此，各品牌可以在结合电商平台的销售推广方案的基础上增加或融合自己的销售推广方法，以获得最大的推广效果。

电商平台的推广方法中与时间有关的推广方式主要有平台周年庆（如京东的618周年庆），购物节（如淘宝的"双十一""双十二"），节假日（如春节、国庆），与价格有关的推广方式如跨店满额减现（或满额包邮、满额赠物、满额加购等），限时秒杀（或折扣），特价等，与产品有关的推广方式有特价产品（如淘宝的聚划算）、买赠（如买一赠一）、产品组合优惠等，与消费者有关的推广方式有会员价（如京东的plus会员）、积分抵现等。

电商平台店除了参加所在平台开展的各项推广活动外，还会开展自己的推广活动，如品牌会员推广、品牌联合推广、限量产品推广、产品预售推广、产品试销推广、线上线下店铺联动推广等。

3.电商平台店销售推广效果的主要影响因素

（1）电商平台的用户量和GMV。电商平台的注册用户数量及GMV（Gross Merchandise Volume，商品交易总额）数据代表了平台的规模大小和对用户的吸引力以及平台的收益情况。根据相关信息显示，2022年淘宝注册人数达到8.4亿，拼多多月活用户为5.1亿，京东约3.9亿；GMV数据显示，淘宝/天猫约8.3万亿，京东约3.47万亿，拼多多约3.3万亿，抖音约1.5万亿。电商平台的用户量和成交量直接影响着电商品牌店的访问量和成交量，势必会影响销售推广效果。

（2）电商平台的目标人群定位。每个电商平台的商家构成、产品类型及价格水平等标明了其目标人群的定位，如淘宝的用户较注重时尚和潮流并对价格较为敏感，京东的用户比较注重品质和服务，拼多多的用户则更注重价格。因此，各品牌可根据不同电商平台的目标人群定位，制订相应的销售推广方案，以达到更好的销售效果。

（3）店铺的页面设计。消费者通过浏览店铺及产品页面了解相关信息，因此，店铺的页面设计、内容、展示方式以及浏览是否简单方便，都是影响消费者进入店铺的主要原因之一。店铺页面设计是否具有一定的美感、是否具有鲜明的品牌特点、是否符合消费者的要求、展示的内容是否合适等，都会影响消费者的浏览感受。如果内容过少，不能让消费者了解到必要的产品信息而产生对产品的不信任感；如果内容过多，操作过于复杂，以及产品展示的视频和图片文件过大，引起的浏览速度缓慢，容易让消费者产生烦躁情绪，而放弃浏览全部内容，进而选择其他产品或品牌店铺。

（4）店铺的等级和评分。店铺的等级和评分一般为数字或星级形式，从产品质量、服务水平、物流配送等多个方面来体现客户的满意度，体现了店铺的综合水平和竞争力，消费者往往会根据等级和评分判定该店铺的产品质量，因此，也是消费者选择店铺的主要参考指标之一。

（5）产品评价。电商平台店的消费者不能像在实体店里那样可以直接接触和试穿产品，仅从店铺展示的图片或视频很难准确判断产品的品质和穿着效果，往往会通过已购消费者给出的文字、图片或视频等形式的评价内容进行分析和判断，因此，店铺产品的好评率是决定消费者购买产品的重要影响因素之一。

（6）价格水平。电商平台店的产品价格基本上是公开的，消费者很容易查询到其他品牌相似产品的价格并进行对比，尤其对价格比较敏感的消费者往往会把价格作为选择产品的第一要素。另外，线上产品的价格不仅包含产品本身的价格，还可能包括运输费用、退换货费用、包装费用等，甚至物流时长和收取货物的方便程度都可以转化成价格的组成部分，因此，在制订销售推广方案中的产品价格时，需要综合考虑消费者获取的最终价格是否具有竞争力。

PART

7

第七章

品牌服装商品
企划实例

本章以真维斯品牌服装2024年度春季商品企划方案的设计为例，讲述品牌服装企业的商品企划部门架构及企划方案设计的具体实例，可以作为品牌服装企业开展商品企划工作的参考。

第一节　商品企划部门

一、商品企划部门架构

真维斯品牌目前的经营模式主要是自营模式、联营合作模式，产品开发由品牌主导，生产和销售由联营商负责，品牌还负责品牌宣传推广、产品设计及款式审核、品质管理等方面的工作，因此，各季度的商品企划工作是由真维斯总部协同各个联营商，协调全公司的相关部门和资源，各部门分别承担商品企划各环节的工作，具体架构设置及工作内容如图7-1所示。

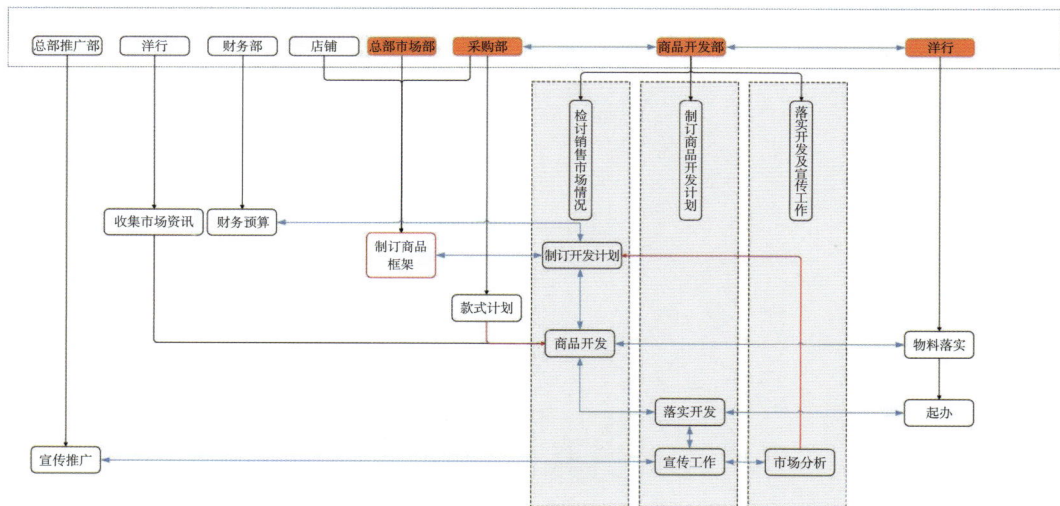

图7-1　真维斯品牌商品企划部门架构设置及工作内容

二、商品企划流程

真维斯品牌基于APQC业务分类框架和经典商品企划流程，结合PDCA思想设定了三级商品企划工作流程（图7-2），旨在使产品更贴近市场并符合目标消费群体的价值定位。

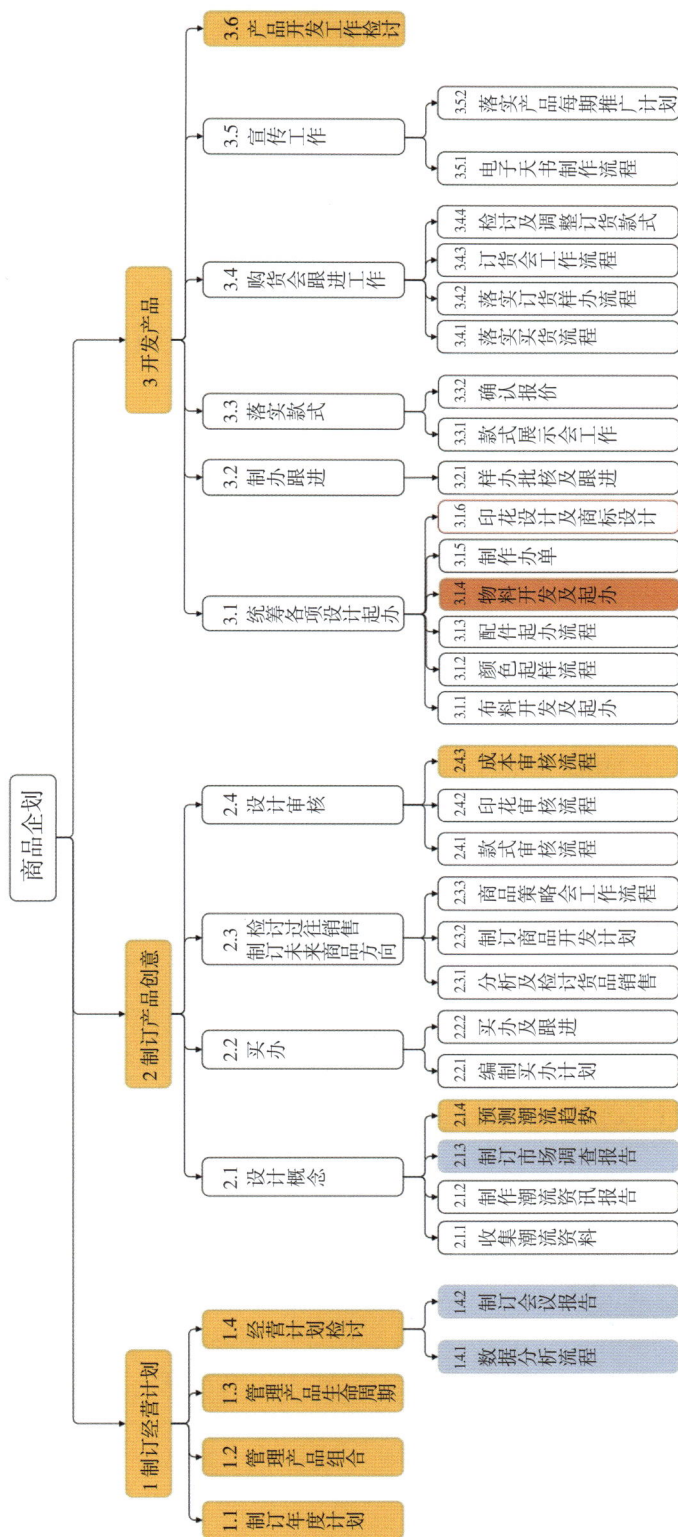

图7-2 真维斯品牌商品企划工作流程

第二节　品牌企划

一、品牌名称及logo

真维斯品牌的中文名称为"真维斯"，英文名称为"Jeanswest"，品牌logo由真维斯的中、英文名称构成，如图7-3所示。

图7-3　真维斯品牌logo

真维斯采用多品牌经营模式。近年来，真维斯根据市场不同需求陆续推出了JEANSWEST Z+、JEANSWES GEAR、JEANSWEST CLUB、JEANSWEST LIFE、JEANSWEST BODY、JEANSWEST SPORT等不同风格的子品牌，力求在产品上更加贴近年轻消费者的需求，各子品牌的logo如图7-4所示。

图7-4　真维斯各子品牌logo（图片来源：真维斯官网）

二、品牌故事

1972年真维斯品牌成立于澳大利亚，是亚洲最大成衣制造及出口贸易商之一的香港旭日集团附属公司。自1993年在上海开设第一间JEANSWEST真维斯专卖店起，逐步扩充并覆盖全国的大型休闲服销售网络，已在国内20多个省市开设了专卖店以及在各大电商平台开设网店。真维斯品牌围绕"做回真我，穿回真我，分享真我"的设计理念，真维斯将每季新的潮流元素融入服装中，为大众提供"物超所值"的时尚必需品。

三、品牌形象

作为一个年轻健康、充满个性却不张扬的服饰品牌，真维斯品牌形象设定为"年轻时尚，自由休闲"，倡导一种真诚乐观的生活态度，鼓励年轻人做回真我、穿回真我、分享自我。真维斯品牌设计上更贴合顾客所需，坚持名牌大众化、物超所值的经营理念，产品舒适易搭。

真维斯品牌2022—2023年度形象代言人是青年演员张若昀，通过服饰表达真我，强调忠于内心的选择，向大众传递"真我代表作，真维斯"的全新时尚概念，"随性表达内心的选择，创造属于自己的时尚代表作"。2024年4月29日，真维斯JEANSWEST正式官宣青年演员、歌手王一博为真维斯休闲装品牌全球代言人，演绎品牌新主张——"做自己喜欢的事，'韧'真如一；真维斯，玩就玩真的！"（图7-5、图7-6）。

图7-5　真维斯2022—2023年度品牌
形象代言人（图片来源：真维斯微博）

图7-6　真维斯2024年度品牌形象代言人
（图片来源：真维斯微博）

四、品牌风格定位

真维斯品牌服装以休闲服为主，产品风格以休闲、时尚为主，不同产品品类及款式略有不同。例如，女装产品主推款的风格定位分为三种：一为休闲、轻时尚风格产品比较百搭，具话题和卖点的时尚单品；二为轻淑女风格，产品比较优雅、简洁、精致；三为针对年青、有活力的Z世代，紧跟随新世代潮流文化及喜好，产品时尚、易穿搭。

五、目标人群定位

真维斯品牌的核心目标消费人群特征为"健康、上进、正能量、热爱生活、心境年轻，feel good，feel young"，心态年龄18～25岁，个性"脚踏实地、真诚、可靠"。

六、目标市场定位

真维斯品牌的经营理念是"名牌大众化"，产品设计方向为"时尚必需品"，目标市场覆盖全国各大城市，包括北京、上海、广州、深圳、天津等一线及新一线城市。近年来真维斯品牌大力开发网购市场，打造线上线下一体化的经营模式，市场策略为"物超所值"。

七、销售渠道规划

真维斯品牌建立全渠道经营模式，以自营和联营业务相结合为主，并通过M2B经营模式、O2O销售模式、联营业务、直播带货等电子商务运营模式，打通了包括天猫商城、京东、唯品会、微信小程序、拼多多、抖音、快手等电商平台，实现了线下实体店（包括品牌自营店和品牌商场店）及线上电商平台店同步销售（图7-7～图7-12）。

图7-7 真维斯品牌街边店铺
（图片来源：搜狐网）

图7-8 真维斯品牌商场店

图7-9　京东商城真维斯官方旗舰店首页

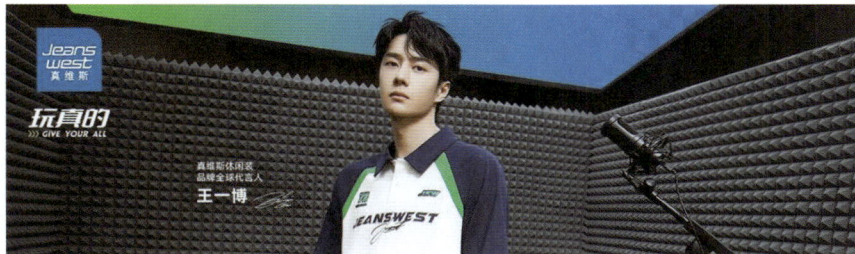

图7-10　天猫商城真维斯官方旗舰店

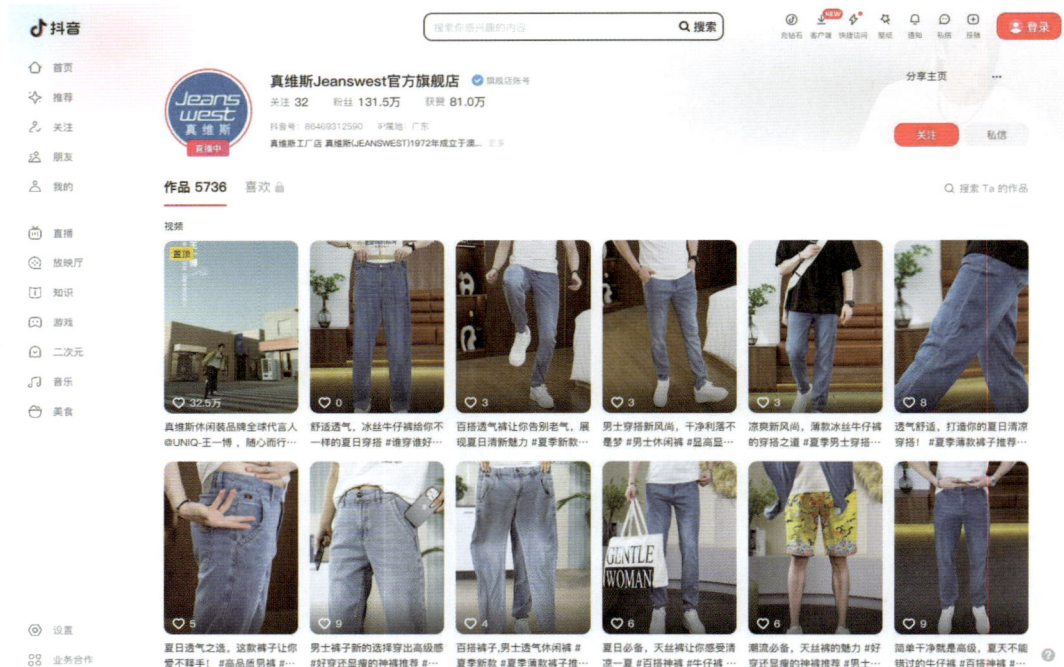

图7-11　抖音真维斯官方旗舰店首页

图7-12　真维斯品牌微博首页

服装商品企划

第三节　主题企划

一、波段划分

真维斯年度产品销售季节分为四个季度，每个季度分为3个波段，例如，2024年度分为4—1季、4—2季、4—3季和4—4季，4—1季又分为初春波、春一波和春二波，初春波销售期从2024年1月15日至3月10日，春一波销售期从2月12日至4月14日，春二波销售期从3月11日至5月12日。

二、主题规划

1.主题名称

真维斯的2024年度4—1季初春波主题名称为"春意游园"，春一波主题名称为"静谧空间"，春二波主题名称为"活力青春"。

2.主题故事版

真维斯2024年度4—1季各波段的主推款故事板分别按照三个风格制作，初春波的主题故事板如图7-13所示，春一波主题故事板如图7-14所示，春二波主题故事板如图7-15所示。

（a）风格1　　　　　　　　（b）风格2　　　　　　　　（c）风格3

图7-13　初春波"春意游园"主题故事板

（a）风格1　　　　　　　　（b）风格2　　　　　　　　（c）风格3

图7-14　春一波"静谧空间"主题故事板

| （a）风格1 | （b）风格2 | （c）风格3 |

图7-15 春二波"活力青春"主题故事板

三、面辅料规划

真维斯品牌的2024年度4—1季的面料规划按照品类、款式系列、版型等类别进行规划，4—1季外套面料规划见表7-1。

表7-1 2024年度4—1季外套面料规划表

序号	款式系列	板型	面料克重	面料名称
1	基本	修身型	190g	不倒绒
		基本型	270g	卫衣布
		基本型	290g	卫衣布
		基本型	290g	CVC卫衣布
		修身型	320g	全棉平纹布
		修身型	290g	全棉平纹布
		基本型	320g	平纹布
		微松型	290g	全棉平纹布
2	主推一	基本型	270g	卫衣布
		基本型	—	新氧棉
		基本型	270g	卫衣布
		微松型	290g	珠地双面布
		基本型	290g	CVC卫衣布
		基本型	290g	新氧棉卫衣
		基本型	290g	平纹布
3	主推二	修身型	290g	斜纹布
		修身型	350g	新氧棉
		修身型	290g	双纱平纹布
4	主推三	基本型	320g	卫衣布
		微松型	320g	新氧棉
		基本型	—	棉混纺平纹布
5	主推四	基本型	320g	弹性卫衣布
		宽松型	320g	卫衣布

四、时间规划

真维斯主品牌于2023年5月8日召开商品策略会，开启2024年度4—1季的商品企划工作，具体时间规划见表7–2。

表7–2　2024年度4—1季商品企划工作时间规划表

年度	2023年					
开始时间	5月8日	5月8日	5月15日	6月19日	6月19日	6月26日
结束时间	5月14日	6月11日	6月18日	6月25日	6月25日	7月2日
主要工作项目	商品策略会	设计及板单制作	样板制作（初板）	季度店铺销售计划	款式展示会	落实齐色办工厂
年度	2023年					
开始时间	7月3日	7月10日	7月17日	8月14日	8月21日	9月11日
结束时间	7月16日	8月6日	7月23日	8月20日	8月27日	9月17日
主要工作项目	落Block Order（订重点品种/布种胚布）	齐色办制作	提供主色色板、拆色、花样资料，成本及价格确定	购货预备会	购货会	确定Block Order单颜色分配染大货布（初春波）
年度	2023年					
开始时间	10月9日	10月9日	10月16日	11月6日	11月6日	11月13日
结束时间	10月15日	10月22日	10月29日	11月19日	11月19日	11月19日
主要工作项目	确定Block Order单颜色分配染大货布（春一波）	落单及确定Block Order最后款式（初春波）	批核核准办开裁大货（初春波）	落单及确定Block Order最后款式（春一波）	批核核准办开裁大货（春一波）	确定Block Order单颜色分配染大货布（春二波）
年度	2023年			2024年		
开始时间	12月4日	12月4日	12月25日	1月1日	1月22日	1月29日
结束时间	12月17日	12月17日	12月31日	1月7日	1月28日	2月4日
主要工作项目	落单及确定Block Order最后款式（春二波）	批核核准办开裁大货（春二波）	货品到仓期（初春波）	店铺分货计划（初春波）	货品到仓期（春一波）	店铺分货计划（春一波）
年度	2024年					
开始时间	1月29日	2月19日	2月26日	1月1日	1月29日	2月26日
结束时间	2月4日	2月25日	3月3日	1月7日	2月4日	3月3日
主要工作项目	陈列指引档案到口岸	货品到仓期（春二波）	店铺分货计划（春二波）	货仓发货（初春波）	货仓发货（春一波）	货仓发货（春二波）
年度	2024年					
开始时间	3月11日	4月15日	5月13日	5月6日		
结束时间	3月17日	4月21日	5月19日	5月12日		
主要工作项目	过期货品反仓（初春波）	过期货品反仓（春一波）	过期货品反仓（春二波）	检讨会		

五、产品品类及款式数量规划

真维斯2024年度4—1季的产品品类主要有长裤、牛仔裤、T恤、外套及衬衫等。在进行款式系列产品开发时，长裤和牛仔裤的款式系列按照基本款、时尚款和潮流款进行设计，T恤、外套及衬衫的款式系列则按照基本款和主推款（分三个风格）进行设计，并根据时尚款≥潮流款≥基本款的比例顺序确定产品款式数量。4—1季女装的产品品类及款式数量规划见表7-3。

表7-3　2024年度4—1季女装产品品类及款式数量规划表　　　　　　单位：个

品类	初春波			春一波			春二波		
	基本款	时尚款	潮流款	基本款	时尚款	潮流款	基本款	时尚款	潮流款
布裤	2	4	2	1	4	2	2	4	2
牛仔裤	0	6	2	1	6	2	1	6	2
款式	基本款	主推款一	主推款二	主推款三	基本款	主推款一	主推款二	主推款三	基本款	主推款一	主推款二	主推款三
长T恤	3	4	3	4	4	4	2	2	1	2	2	2
短T恤	0	0	0	0	3	3	2	2	6	5	4	4
外套	3	3	2	2	3	3	2	2	2	2	0	0
衬衫	2	2	1	0	2	2	1	0	1	2	1	0

六、盈利目标规划

真维斯按照地区和品类规划销售额和比例，2024年度4—1季的销售额度规划见表7-4。

表7-4　2024年度4—1季产品品类销售额规划表

品类	北部		中部		南部	
	销售额（万元）	销售占比（%）	销售额（万元）	销售占比（%）	销售额（万元）	销售占比（%）
外套	152.6	25.8	209.7	26.4	311.1	25
长袖衬衫	46.5	7.9	65.9	8.3	25.7	2.1
短袖衬衫	3.0	0.5	3.2	0.4	5.8	0.5
长袖T恤	130.7	22.1	144.6	18.2	174.2	14
短袖T恤	94.6	16	127.1	16	352.1	28.3
外套	5.1	0.9	7.1	0.9	17.4	1.4
长裤	65.7	11.1	124.7	15.7	180.4	14.5
牛仔裤	95.8	16.2	111.2	14	176.7	14.2
合计	594	约100	793.5	约100	1243.4	100

服装商品企划

第四节　产品设计企划

一、产品款式设计

真维斯按照产品品类、销售地区及款式类型等方面规划产品款式设计，各设计师根据设定好的主题、色彩、面料及产品品类、款式数量等要求设计具体的款式。表7-5汇总了真维斯2024年度4—1季各波段女装外套基本款的款式名称、板型及参考款式图等信息。

表7-5　2024年度4—1季各波段女装外套基本款汇总

	设计款号	AL41-2760	AL41-2601	AL41-2602
初春波	款式名称	针织翻领贴合外套	纹理棉感化纤连帽外套	棉混全件印连帽外套
	板型	宽松型	宽松型	微松型
	参考款式图			
	设计款号	AL41-2761	AL41-2603	AL41-2604
春一波	款式名称	双面布连帽外套	10安士全棉斜纹牛仔外套	微皱化纤布连帽外套
	板型	宽松型	宽松型	宽松型
	参考款式图			
	设计款号	AL41-2763	AL41-2607	
春二波	款式名称	针织冰丝拼色防晒外套	高弹雾花印化纤网里连帽外套	
	板型	微松型	宽松型	
	参考款式图			

二、产品成衣设计

1.成衣号型设置

真维斯的成衣号型分为按照上装和下装，其中外套、衬衫、T恤、连衣裙等款式使用上装号型，半身裙和裤装使用下装号型，而下装号型又分为橡筋腰头和平装腰头两种。真维斯女装成衣号型设置及尺码对应表见表7-6。

表7-6　真维斯女装成衣号型及尺码对应表

上装	尺码	XXS	XS	S	M	L	XL	XXL
	号型		155/76A	155/80A	160/84A	165/88A	170/96A	175/100A
下装 （橡筋腰头）	尺码	XS	S	M	L	XL	XXL	XXXL
	号型		155/62A	160/66A	165/70A	170/74A	175/78A	—
下装 （普通平腰头）	尺码	24	25	26	27	28	29	30
	号型	155/62A	155/64A	160/66A	160/68A	165/72A	170/74A	170/76A

2.成衣尺寸规格设计

成衣尺寸规格设计包括单码的成衣尺寸表和全规格尺寸表。真维斯设计款AL41-5136号裤装M码的成衣尺寸表见表7-7，设计款AL41-2763号外套5个码的成衣尺寸表见表7-8。

表7-7　真维斯设计款AL41-5136号裤装M码成衣尺寸表　　　单位：inch

部位	腰围 （拉开度）	腰围 （平放度）	裤下坐围/ 臀围（裆 上3"V度）	脾围（裆 下1"水平 直度）	膝围（裆 下13"水平 直度）	裤脚阔	设计款号
尺寸	35-1/2	27	40	24	17-1/2	12-1/2	AL41-5136
部位	前裆（连 腰头顶度）	后裆（连 腰头顶度）	腰头高	裤内长	纽牌阔	纽牌长	
尺寸	12	16	1-7/8	25-1/2	1-1/4	4-3/4	

表7-8　真维斯设计款AL41-2763号外套成衣尺寸表　　　单位：inch

部位	尺寸					设计款号
	S	M	L	XL	XXL	
胸围（夹下1"直度）	39	41	43	45	47	AL41-2763

部位	尺寸					设计款号
	S	M	L	XL	XXL	
下摆宽	41-1/2	43-1/2	45-1/2	47-1/2	49-1/2	
肩斜	1-3/16	1-1/4	1-5/16	1-3/8	1-7/16	
肩宽（虚拟）	14-3/8	15	15-5/8	16-1/4	16-7/8	
后中长（后中领骨至衫脚）	21-3/4	22-3/4	23-3/4	24-1/4	24-3/4	
袖长（后中经肩点至袖口）	30-1/2	31	31-1/2	32	32-1/2	
袖口宽（拉开度）	11	11-1/2	12	12-1/2	13	
袖口宽（缩起度）	7-1/2	8	8-1/2	9	9-1/2	
前领深	4-1/8	4-1/14	4-3/8	4-1/2	4-5/8	
后领深	1	1	1	1	1	
领阔（肩颈点至肩颈点）	7-1/2	7-3/4	8	8-1/4	8-1/2	
帽高（帽顶至帽脚肩颈点）	13-1/4	13-1/2	13-3/4	14	14-1/4	
帽宽	19-3/8	20	20-5/8	21-1/4	21-7/8	
袖口阔（袖级顶上1度）	8-3/4	9-1/4	9-3/4	10-1/4	10-3/4	

3.成衣纸样

真维斯设计款AL42-7053号产品的成衣净样纸样和生产纸样，包括前后衣片、袖片、衣领及绣花衬布的纸样（图7-16和图7-17）。

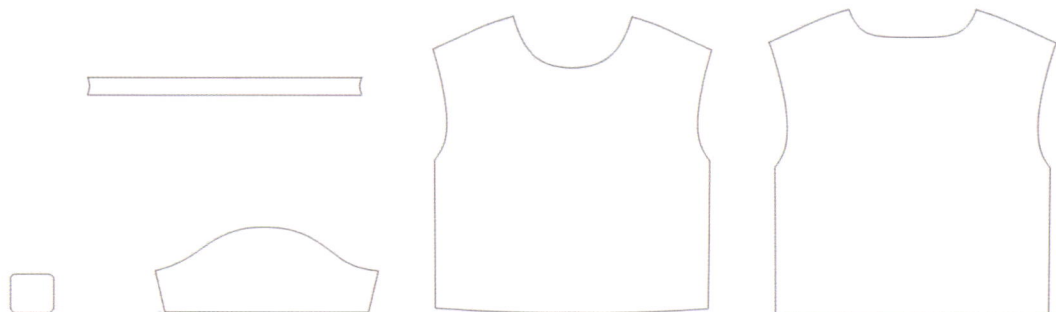

图7-16　真维斯设计款AL42-7053号成衣净样纸样

图7-17　真维斯设计款AL42-7053号成衣生产纸样

4.放码

真维斯设计款AL42-7053号产品成衣纸样的放码图，共分为S、M、L和XL4个码（图7-18）。

图7-18　真维斯设计款AL42-7053号成衣纸样放码图

三、商品SKU编码

真维斯的商品SKU编码分为三组，第一组为品牌，第二组为年度及波段，第三组为品类及款号，由字母和数字组成，如JW—41—231203代表的是真维斯2024年春季女装长袖衬衫203号款。真维斯的商品SKU编码规则见表7-9。

表7-9　真维斯品牌服装产品SKU编码规则

组别	第一、二位		代表内容		
第一组	两位大写英文字母		品牌名称		
组别	第一位	代表内容	第二位	代表内容	
第二组	1	2021年	1	第一季（初春/春一/春二）	
	2	2022年	2	第二季（夏一/夏二/夏三）	
	3	2023年	3	第三季（初秋/秋一/秋二）	

组别	第一位	代表内容	第二位	代表内容
第二组	4	2024年	4	第四季（冬一/冬二/冬二）
	5	（依次类推）	9	表示长青款

组别	第一位	代表内容	第二位	代表内容	第三位	代表内容	第四至六位	代表内容
第三组	1	男装（国际&大投）	1	西装			001-299	真维斯设计款
	2	女装（国际&大投）	2	外套	1	针织	300-399	第三设计中心设计款
	3	孕妇装			2	梭织	400-499	海外加盟额外款
	4	推广物品			3	羽绒	500-799	大进投资
	5	男童			9	毛织	800-869	肯尼斯网购款
	6	女童	3	衬衫	1	长袖衬衫	870-899	肯尼斯其他款
	7	童装推广物品			2	中袖衬衫		
	X	图案			3	短/无袖衬衫		
			4	裙	1	半截裙		
					2	连身裙		
			5	长裤	1	长裤		
					2	连身裤		
					6	六分裤		
					7	七分裤		
					8	八分裤		
					9	九分裤		
			6	短裤	2	连身裤		
					3	中裤		
					4	短裤		
			7	T恤	1	长袖T恤		
					2	中袖T恤		
					3	短/无袖（背心）T恤		
			8	牛仔裤	1	长裤		
					2	连身裤		
					6	六分裤		
					7	七分裤		
					8	八分裤		
					9	九分裤		
			9	毛衫	1	棉线衫		
					2	羊仔毛		
					3	棉混纺		
					4	羊毛混纺		
					5	雪兰毛		
			T	套装	1	针织		
					2	机织		

第五节　产品供应企划

一、产品生产企划

　　真维斯关于产品生产企划相关的文件资料，主要包括产品款式图、生产工艺要求、缝制工艺要求、物料汇总表、包装说明。如图7-19~图7-25所示为真维斯JW-42-273507号产品大货生产的相关文件。

1.产品款式图

　　产品款式图如图7-19所示。

JEANSWEST 真 维 斯	大进投资有限公司 Advancetex Investment Limited 款式/工艺图像表	版本号：1 版本日期：27/09/2023 页数：1/4 文件编号：AINVPDSD-002

布料编号：ALK009/241		设计号：AL42-7053
布料：65%棉35%聚酯纤维　棉盖丝凉威平纹		款号：JW-42-273507
布料说明：		品种类别：针织
季度：42	组织：32S	尺码：M
洗水方式：	重量/布封：	制表人：静
三类款：基本		

图7-19　真维斯JW-42-273507款生产制造单——款式图

2.生产工艺要求

　　生产工艺要求如图7-20所示。

JeansWest 真维斯	大进投资有限公司 Advancetex Investment Limited 款式／工艺图像表	

布料编号：ALK009/241
布料：65%棉 35%聚酯纤维　棉盖丝凉感平纹
布料说明：
季度：42　　　　　　组织：32S
洗水方式：　　　　　　　　　重量/布封：
三类款：基本

设计号：AL42-7053
款号：JW-42-273507
品种类别：针织
尺码：M
制表人：静

6月基本

1.棉盖丝平纹布圆领印花短袖T恤（180G）；

2.领做1X1棉盖丝罗纹布边，后领车人字织带捆条盖止口；

3.前幅有一印花，AW：L42-EB-002

4.袖口／衫脚做原身布反口坎车

5.尺寸跟足AL32-7051

图7-20　真维斯JW-42-273507款生产制造单——工艺要求

3.缝制工艺要求

缝制工艺要求如图7-21所示。

JeansWest 真维斯	大进投资有限公司 Advancetex Investment Limited 款式／工艺图像表	

布料编号：ALK009/241
布料：65%棉 35%聚酯纤维　棉盖丝凉感平纹
布料说明：
季度：42　　　　　　组织：32S
洗水方式：　　　　　　　　　重量/布封：
三类款：基本

设计号：AL42-7053
款号：JW-42-273507
品种类别：针织
尺码：M
制表人：静

除特别备注处，全件开线均为1/4"双线

L42-EB-002印花位置：

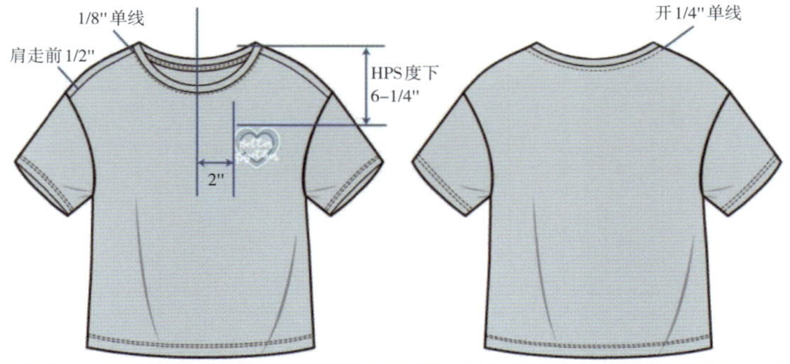

1/8"单线
肩走前1/2"
HPS度下 6-1/4"
2"
开1/4"单线

图7-21　真维斯JW-42-273507款生产制造单——缝制工艺要求

4.成衣尺寸表

成衣尺寸表如图7-22所示。

JEANSWEST 真 维 斯	大进投资有限公司 Advancetex Investment Limited	版本号：1 版本日：27/02/2023 页数：1/1 文件编号：AINVPDSD-004

尺码表

布料编号：ALK009/241	设计号：AL42-7053
布料：65%棉35%聚酯纤维 棉盖丝凉感平纹	款号：JW-42-273507
布料说明：	尺码说明：上装
季度：42　　　　　　　　　　　　　　　　/1	量度单位：inch
组织：32S	制表人：静
备注：尺寸跟足AL32-7051	
剪裁界：微松型	

SIZE	S	M	L	XL	XXL
胸围（夹下1"直度）	35-1/2	37-1/2	39-1/2	41-1/2	43-1/2
脚阔	36	38	40	42	44
肩斜	1-3/16	1-1/4	1-5/16	1-3/8	1-7/16
肩阔（虚拟）	13-7/8	14-1/2	15-1/8	15-3/4	16-3/8
单肩阔	5-5/8	6	6-3/8	6-3/4	7-1/8
后中长（后中领骨至衫脚）	18-1/2	19-1/2	20-1/2	21	21-1/2
衫脚高	3/4	3/4	3/4	3/4	3/4
袖长（后中经肩点至袖口）	15-1/2	16	16-1/2	17	17-1/2
袖口阔	13-3/4	14-1/4	14-3/4	15-1/4	15-3/4
袖口高	3/4	3/4	3/4	3/4	3/4
前领深	3-7/8	4	4-1/8	4-1/4	4-3/8
后领深	1-1/2	1-1/2	1-1/2	1-1/2	1-1/2
后中领高	5/8	5/8	5/8	5/8	5/8
袖切驳阔（半圆）	7-7/8	8-1/4	8-5/8	9	9-3/8
领阔（缝至缝）	8	8-1/4	8-1/2	8-3/4	9

图7-22　真维斯JW-42-273507款生产制造单——成衣尺寸表

5. 绣花设计与工艺要求

绣花设计与工艺要求如图7-23所示。

JEANSWEST 真維斯

大进投资有限公司

Advancetex Investment Limited

版本号：1

版本日期：27/09/2023

页数：4/4

文件编号：AINVPDSD-002

款式/工艺图像表

布料编号：ALK009/241

布料：65%棉35%聚酯纤维　棉盖丝凉感平纹

布料说明：

季度：42　　组织：32S

洗水方式：　　重量/布封：

三类款：基本

设计号：AL42-7053

款号：JW-42-273507

品种类别：针织

尺码：M

制表人：静

Jeanswest	Design no: L42-EB-002	真实尺寸：7.6cm(W)×7cm(H)	Date: 16/10/2023
	Style no: AL42-7053	打印比例：Actual size	Prepared by:
body　油墨1　油墨2　油墨3			在一起更好

#8513

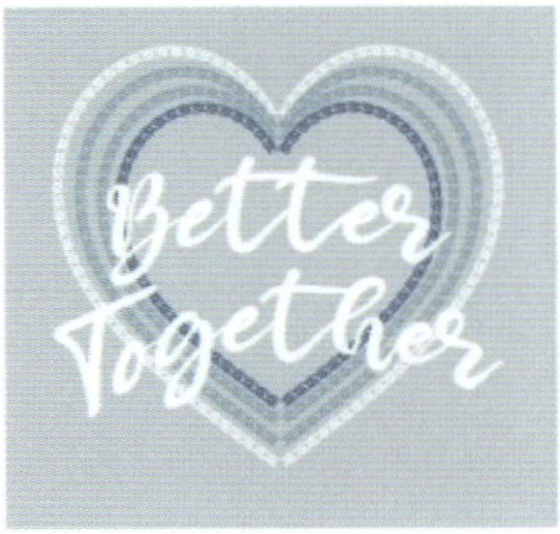

Jeanswest	Design no: L42-EB-002	真实尺寸：7.6cm(W)×7cm(H)	Date: 16/10/2023
	Style no: AL42-7053	打印比例：Actual size	Prepared by:
body　油墨1　油墨2　油墨3			在一起更好

#8170

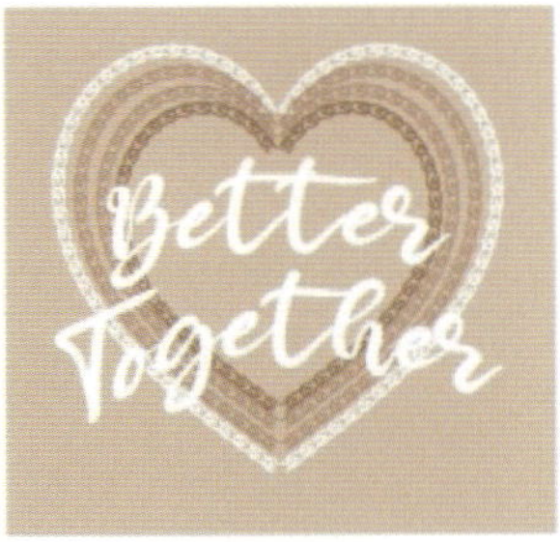

图7-23　真维斯JW-42-273507款生产制造单——绣花设计与工艺要求

6. 物料汇总表

物料汇总表如图7-24所示。

JeansWest 真维斯	大进投资有限公司 Advancetex Investment Limited		版本号：1 版本日期：11/01/2023
		物料表	页数：1/1 文件编号：AINVPDSD-003

| 布料编号：ALK009/241 布料：65%棉35%聚酯纤维 棉盖丝凉感平纹 布料说明： 季度：42 组织：32S | | | | 设计号：AL42-7053 款号：JW-42-273507 品种类别：针织 制表人：静 | |

拆色	头	辅料	辅料	辅料		
	L81-WL-203	1X1棉盖丝罗纹	3/8"阔人字带捆条	1/4"阔弹力带		
	颜色	颜色	颜色	颜色	颜色	颜色
8170 杏色	COMBO B	配大身色	配大身色	透明		
8513 浅蓝色	COMBO B	配大身色	配大身色	透明		
位置	后中领底下	领边	后领高	肩骨		

图7-24　真维斯JW-42-273507款生产制造单——物料表

7. 包装说明

包装说明如图7-25所示。

JeansWest 真维斯	大进投资有限公司 Advancetex Investment Limited		版本号：1 版本日期：11/01/2023
		包装说明	页数：1/1 文件编号：AINVPDSD-003

| 布料编号：ALK009/241 布料：65%棉35%聚酯纤维 棉盖丝凉感平纹 布料说明： 季度：42 组织：32S | | | | 设计号：AL42-7053 款号：JW-42-273507 品种类别：针织 制表人：静 | |

指示图像：

L81-WL-203

M32-HT-008

包装方法： 衬衫包装	吊牌：	1.挂牌：M32-HT-008；6.主唛：L81-WL-203；7.尺码唛：L81-WL-203；	洗水方法：
熨烫方法：轻烫		备注：	

图7-25　真维斯JW-42-273507款生产制造单——包装说明

服装商品企划

二、店铺陈列企划

真维斯2024年度4—1季的店铺陈列策略主要是配合套餐购货模式，通过陈列有效展示套餐内的跨品种搭配和颜色组合。具体策略如下：

（1）基本仓。着重超值价位，展示易穿搭的效果。

（2）主推一仓。利用产品卖点、话题、颜色组合设计特别陈列效果，突出卖点。

（3）主推二仓。强调整组货品的搭配风格和造型，男装是轻商务，女装是轻淑女。

（4）漫威仓。配合漫威电影及人物风格，突出设计主题元素。

（5）牛仔裤仓。集中陈列，按季度性更换主题，体现年轻、时尚带点性格的形象。陈列上要清晰展示裤型、面料、洗水及当期主推产品，适当地加入上装作搭配展示。

（6）休闲裤仓。集中陈列，按季度性更换主题，体现简约、时尚、休闲形象。陈列上要清晰展示裤型、面料及当期主推产品，适当地加入上装作搭配展示。

（7）配件仓。以品种分类，按色系展示，强调功能性和超值价位。

另外，真维斯的店铺按照直营店、联营商店以及街边店、商场店等形式分成了不同类型的店铺，陈列的方式也略有不同。真维斯会根据每一季的主题给出不同类型店铺的陈列指南，以保证品牌风格的统一性。真维斯的店铺陈列主要包括橱窗、展示区、流水台、墙身等位置，图7-26~图7-29展示的是2024年度4-1季春二波A店~B2B店的店铺陈列指南。

图7-26　真维斯2024年度4—1季A店~B2B店的橱窗陈列

图 7-27　真维斯 2024 年度 4—1 季 A 店~B2B 店的展示区陈列

图 7-28　真维斯 2024 年度 4—1 季 A 店~B2B 店的流水台陈列

图 7-29　真维斯 2024 年度 4—1 季 A 店~B2B 店的墙身陈列

服装商品企划

第六节　销售推广企划

一、与时间有关的推广方式

真维斯的2024年度4—1季的推广方案中与时间有关的主要有：春节期间全程低至4.5折、2月23日开学季全场4.2折起和3月4日至8日女神节全场4.2折等（图7-30）。

图7-30　真维斯2024年度4—1季按时间设定的推广方案（图片来源：真维斯微博）

二、与产品有关的推广方式

2024真维斯首度携手敦煌博物馆联名推出系列产品，将敦煌壁画元素进行潮流演绎，擦出全新国潮火花。真维斯希望通过传统文化与休闲装相融合，将源远流长的丝路文明，融入时尚表达中，倡导文化自信，为传统文化创新延伸更多创作空间，输出更多国潮产品（图7-31）。

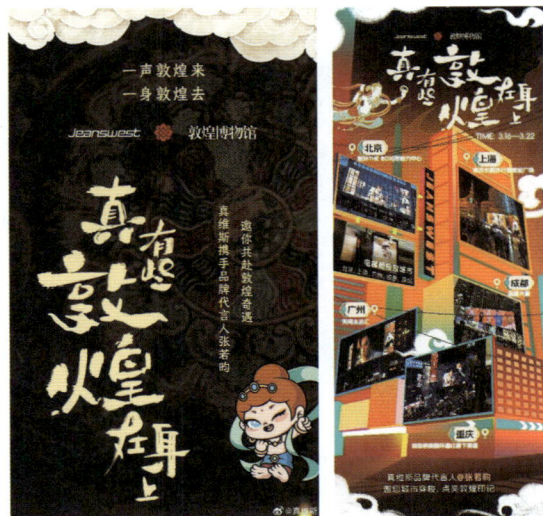

图7-31　真维斯品牌与敦煌博物馆联名推出系列产品
（图片来源：真维斯微博）

三、与活动有关的推广方式

1. 赞助运动赛事

2024年3月17日上午7：30，2024惠州马拉松在惠州体育馆鸣枪起跑。真维斯作为支持单位积极参与本次赛事（图7-32）。

2. 参加研讨会

2024年3月21日中国纺织工业联合会、东盟纺织工业联盟、香港纺织业联会、香港纺织商会合作备忘录签署仪式暨香港纺织及制衣界共建"一带一路"研讨会在港隆重举行，真维斯作为本次活动的协办单位受邀参会（图7-33）。

图7-32　真维斯品牌支持2024惠州马拉松赛
（图片来源：真维斯微博）

图7-33　真维斯品牌受邀参加研讨会（图片来源：真维斯微博）

3. 参加时装周

2024年3月27日，真维斯携手2023年度中国最佳男装设计师黄刚，以《文脉承续·中国敦煌》作品亮相中国国际时装周，联合推出的24秋冬系列男装发布会诠释出敦煌色彩的沙丘美学，响应"加快发展新质生产力"的号召（图7-34）。

4. 举办设计大赛

2024年3月28日第33届中国真维斯杯休闲装设计大赛正式启动，本届赛事围绕"真"概

服装商品企划

图7-34 真维斯品牌参加2024中国国际时装周（图片来源：真维斯微博）

念，以贴近年轻群体的口
语表达"玩真的"为主题，
为参赛者提供更大的想象
和发挥空间，以期从多元、
包容、共生中碰撞出创新、
趣味的火花，激发创作者
专注创意设计，释放灵感
想象，既享受过程中的乐
趣，同时追求更高的成就
和成长（图7-35）。

图7-35 第33届中国真维斯杯休闲装设计大赛征稿海报
（图片来源：真维斯微博）

5.冠名综艺

2024年4月18日由真维斯品牌独家冠名的芒果TV全新综艺《小小少年》在南浔古镇开机，并于5月20日开播。真维斯品牌携手元气新秀及萌娃小宝们，身着真维斯服饰，以研究员的身份探索自然与感官之路，带领观众走进孩子们的世界，见证他们如何在挑战中不断成长，发掘自己的潜能（图7-36）。

6.举办行业协会

2024年5月12日，由中国纺织工业联合会主办、真维斯品牌支持的2024中国品牌发展大会纺织服装行业会议在上海世博展览馆顺利举行。会议以"品牌新质 未来新光"为主题，基于制造品牌、消费品牌与区域品牌的不同面向，共同探讨如何立足于品牌发展的现实语境，打造具备高科技、高效能、高质量特征，符合新发展理念的先进生产力质态，建树属于中国品牌，掷地有声的时尚话语。（图7-37）。

图7-36　真维斯品牌冠名综艺《小小少年》（图片来源：真维斯微博）

图7-37　真维斯品牌支持2024中国品牌发展大会纺织服装行业会议（图片来源：真维斯微博）

四、与品牌企业有关的推广

1.荣获"星光之夜—行业影响力"奖

2024年AW24中国国际时装周"星光之夜"于3月31日在北京盛大举行，真维斯品牌凭借其深厚的品牌底蕴和创新的设计理念，荣获"星光之夜—行业影响力"奖（图7-38）。

图7-38　真维斯品牌荣获 AW24 中国国际时装周"星光之夜—行业影响力"奖（图片来源：真维斯微博）

2.获评"2023年度中国公益企业"

2024年3月28日由《公益时报》社举办的第八届中国公益年会在清华大学召开。真维斯凭借年度公益事迹，用实际行动践行弘扬慈善文化，推动公益慈善事业发展，被评为"2023年度中国公益企业"（图7-39）。

3.被授予"2024中国纺织服装品牌竞争力优势企业"

2024年5月12日中国纺织工业联合会发布了"2024中国纺织服装品牌竞争力优势企业"榜单，真维斯凭借多年来坚持数字化创新和高质量发展，被中国纺织工业联合会授予"2024中国纺织服装品牌竞争力优势企业"（图7-40）。

图7-39　真维斯品牌企业被评为"2023年度中国公益企业"（图片来源：真维斯微博）

图7-40　真维斯品牌企业被评为"2024中国纺织服装品牌竞争力优势企业"（图片来源：真维斯微博）

参考文献

[1] 唐红. 服装商品企划 [M]. 北京：化学工业出版社，2014.

[2] 安妮. 服装品牌企划与运营 [M]. 北京：北京大学出版社，2013.

[3] 王小云. 服装零售学 [M]. 3 版. 北京：中国纺织出版社，2017.

[4] 万志琴，宋惠景. 服装生产管理 [M]. 5 版. 北京：中国纺织出版社，2018.

[5] 刘东. 服装纸样设计 [M]. 4 版. 北京：中国纺织出版社，2019.

[6] 马大力. 服装商品企划实务 [M]. 2 版. 北京：中国纺织出版社，2018.

[7] 杨雪梅，陆璐. 内衣设计与产品开发 [M]. 北京：化学工业出版社，2019.

[8] 杨雪梅，索理，陈学军，等. 品牌内衣产品运作流程 [M]. 北京：化学工业出版社，2014.

[9] 陈学军. 服装网络营销 [M]. 北京：化学工业出版社，2014.

[10] 张军雄，冯烽，温海英. 服装 CAD 版型设计原理与应用 [M]. 上海：东华大学出版社，2018.

[11] 崔现海，杨敏. 服装市场营销 [M]. 北京：化学工业出版社，2019.